Ontwaken in de Droom

Ontwaken in de Droom

Leo Hartong

samsara

Met dank aan:
Alan Watts, die De Weg van Zen heeft gewezen;
Ramesh Balsekar, door wie Bewustzijn Spreekt;
Wayne Liquorman, die het 'ik' uit het begrijpen heeft geëlimineerd;
Tony Parsons, voor zeggen waar het op staat;
Nathan Gill, die de tijd heeft genomen om helder te zijn;
Wim en Mariani, voor hun waardevolle suggesties, inbreng en commentaar;
Chuck Hillig, die de inspiratie heeft gegeven voor de titel
En de Ene die via alles en iedereen spreekt.

O ruimte en tijd! Nu zie ik dat het waar is wat ik vermoedde,
wat ik vermoedde toen ik lag te luieren op het gras,
wat ik vermoedde toen ik alleen in mijn bed lag,
en wederom toen ik langs het strand liep onder de
sterrenhemel die verbleekte bij het ochtendgloren. *

© 2002 by Leo Hartong
Oorspronkelijke titel: *Awakening to the Dream*

Voor het Nederlandse taalgebied
© 2002 Uitgeverij Samsara,
Vertaling: Sadhya van Os
Foto omslag: Leo Hartong
Omslagontwerp: Michael Wannet
Lay-out: Studio 28
ISBN 90-77228-07-1/ NUR 728

* Uit: *Song Of Myself* van Walt Whitman (1819 – 1892)

Inhoudsopgave

Voorwoord door Tony Parsons

Het boek *Ontwaken in de Droom* is geschreven met een helderheid van inzicht, die men zelden aantreft in de huidige veelheid van gepubliceerde ontboezemingen die claimen een uiting van wijsheid te zijn.

De meest gangbare ideeën over verlichting zijn gebaseerd op de misvatting dat er zoiets bestaat als een afgescheiden individu, dat door inspanning en zuivering iets kan bereiken wat men verlichting noemt. Deze normatieve en doelgerichte benadering is natuurlijk zeer aantrekkelijk voor het goeroe-denken, dat boven alles aan het werk wil blijven door gewoonweg verwarring te stichten. Echter, vanuit de visie van non-dualiteit wordt geen van deze activiteiten als relevant gezien. Leo Hartong spreekt regelrecht vanuit de heldere blauwe hemel van non-dualiteit, waarbij hij de lezers met zachte maar vaste hand leidt tot het zien van hun oorspronkelijke en eeuwige natuur.

Het boek opent heel goed, met een duidelijke uiteenzetting over de bedoeling ervan en door de tekst heen bekruipt je het gevoel dat je een brief leest van een vriend die op zachtaardige maar hartstochtelijke wijze graag iets heel duidelijk wil maken. Terwijl de schrijver zijn inzicht in het mysterie met ons deelt, wisselt hij zijn ideeën af met toepasselijke citaten uit traditionele en hedendaagse teksten.

Eenvoudig uitgedrukt, is het de afwezigheid van het zoeken die het mysterie onthult van datgene wat er al is. En ofschoon dit eenvoudige en ongelooflijke wonder onmogelijk in woorden valt uit te drukken, is het een vreugde om deelgenoot te zijn van Leo's exploratie.

Tony Parsons

www.theopensecret.com

1
Wat gebeurt er als je over de rand van de aarde valt?

Schuilt er een belofte in het bewust worden van mijn ware natuur? Kan ik verwachten dat dit mijn leven verrijkt? Word ik dan een beter en succesvoller mens? Kortom, hoe is het leven na zelfrealisatie of verlichting? Schijnbaar redelijke vragen die vaak opkomen tijdens de zoektocht.

Voor velen is de hoop op een beter leven de motivatie om zich zo intensief met deze zoektocht in te laten. Een direct antwoord op deze vragen is echter moeilijk, aangezien ze voortkomen uit een beperkte visie die de zoeker juist wil loslaten. De vragen klinken misschien logisch, maar in feite kloppen ze niet.

Ik zal je een concreet voorbeeld geven. Voordat we wisten dat de aarde rond was, leek het volstrekt logisch om uit te willen zoeken waar je terechtkomt als je over de rand van de aarde zou vallen. Maar met onze hedendaagse kennis is deze vraag irrelevant.

Indien het mogelijk was om terug te reizen in de tijd, had je de vraagsteller geen simpel antwoord kunnen geven, maar had je hem eerst moeten uitleggen dat de aarde in feite rond is en dat het onmogelijk is om ervan af te vallen. Dit zou uiteraard tegen zijn gezonde verstand indruisen en wijzend naar de horizon zou hij volhouden dat hij duidelijk kon zien waar de aarde eindigt. Het verzoek aan de vraag-steller om zich het perspectief van een astronaut voor te stellen, zou waarschijnlijk gezien worden als een afleidings-manoeuvre van de vraag die hem bezighoudt: 'Wat gebeurt er als je over de rand van de aarde valt?'

Houd dat in je achterhoofd, terwijl ik je ga vertellen wat je van verlichting kunt verwachten. Mocht het antwoord in eerste instantie teleurstellend zijn, lees dan toch even verder en zie of je tot het punt komt waarop je teleurstelling om-slaat in helderheid.

Daar gaan we dan. Het antwoord is dat je er niets door zult bereiken, omdat verlichting de realisatie is dat er geen *jij* bestaat die de verlichting deelachtig kan worden, en dat jouw gevoel van afzondering en individualiteit een illusie is. Dit antwoord gaat waarschijnlijk regelrecht tegen je ei-gen ervaring in. Je hebt geleerd dat jij deel uitmaakt van een evolutionair proces, waarbinnen de wet van het recht van de sterkste geldt en dat jij, koste wat kost, je genen moet doorgeven aan de volgende generatie. Misschien ben je er wel van overtuigd dat de kunst van het leven schuilt in het verbeteren van jezelf en je levensomstandigheden. Ben je arm en lijd je honger, dan kunnen een dak boven je hoofd en een maaltijd per dag al toereikend zijn. Heb je het voor-recht dat je in een situatie verkeert waarin je basisbehoeften bevredigd zijn, dan zul je hoogstwaarschijnlijk geluk en ver-vulling nastreven via relaties en door het vergaren van be-zittingen en maatschappelijke status.

Als dit alles niet genoeg blijkt, is het mogelijk dat je een spirituele zoeker wordt. Een zoeker is iemand die ervan over-tuigd is dat in de zogenaamde materiële wereld geen blij-vende vrede en vrijheid gevonden kan worden. Hij gelooft dat een andere dimensie onderzocht dient te worden om tot verlichting of zelfrealisatie te komen. Als zoeker voeg je misschien wat psychotherapie aan je repertoire toe, wat *rebirthing*, contact maken met je innerlijke kind, regressietherapie, of andere technieken waarvan je gelooft dat ze je blijvende vervulling en zaligheid kunnen opleveren. Die methodes kunnen je inderdaad het gevoel geven dat ze je leven verbeteren en verrijken, maar waarschijnlijk kom je er uiteindelijk achter dat ervaringen en bewustzijnstoestanden altijd tijdelijk zijn. Met dit inzicht overweeg je misschien de nonduale benadering van zelfrealisatie of verlichting. Nondualiteit is een algemene term voor verschillende en over het algemeen oosterse doctrines die verwijzen naar de absolute eenheid voor en voorbij alle schijnbare diversiteit. In teksten van deze nondualistische systemen, zoals zen, advaita, dzogchen of taoïsme kun je ontdekken dat zelfrealisatie juist je verlossing is van de zoektocht, die je tot het lezen van deze bladzijden heeft gebracht en dat ze je bevrijdt van je geloof in een afgescheiden zelf of ego. De essentie van het verhaal is dat niets hoeft te veranderen, dat dit – *zoals het is* – het reeds is; vaak uitgedrukt in de zin: 'Vóór verlichting: hout hakken en water dragen, na verlichting: hout hakken en water dragen.'

Het ego, dat zeker niet als een illusie bestempeld wenst te worden, pretendeert dit als een idee te aanvaarden, maar biedt onverbiddelijk weerstand aan de feitelijke realisatie ervan; hiermee vasthoudend aan het geloof dat het water dragen en houthakken na verlichting wezenlijk anders is. 'Waarom zou ik meewerken aan de realisatie dat mijn bestaan fictief is,' zegt het ego. 'Dit is mijn einde. Geef me liever een reden om mijn energie hierin te investeren, iets wat mij profijt oplevert en mijn voortbestaan veilig stelt.'

Deze manier van denken lijkt vanzelfsprekend voor ons, aangezien we geconditioneerd zijn om ons in al ons doen en laten te richten op resultaat. De logica dicteert dat we iets moeten bereiken in plaats van zomaar te accepteren dat onze persoonlijke identiteit een zinsbegoocheling is. Vanuit dit oogpunt geredeneerd, wordt hetgeen ik je nu ga zeggen nog moeilijker te aanvaarden. Verlichting openbaart niet alleen dat jouw ego feitelijk niet bestaat, ze onthult bovendien dat deze hele schepping geen enkel doel heeft. Dat klinkt belachelijk voor het resultaat- en toekomstgerichte denken, maar 'helaas' zal ik je toch moeten meedelen dat de hele zin van het bestaan niets anders is *dan* het bestaan zelf.

Dit doet me denken aan een mooie uitspraak van Wim de Bie:

Mensen, de zin van *het leven is zin* in *het leven!*

Zinloosheid is een van de ergste dingen die het verstand zich kan voorstellen, maar in deze context blijkt het om heel iets anders te gaan dan het schrikbeeld dat het denken ervan heeft. Dit heeft wederom geen enkele waarde voor het ego, want het gaat om bevrijd te zijn *van* het ego en niet om vrijheid *voor* het ego. Het uiteindelijke inzicht komt niet voort uit het zoeken, maar verlost je ervan. Het gaat niet over het in vervulling gaan van je wensen, maar over verder niets te wensen hebben. Er zijn geen voordelen uit te behalen. Dit gewaarworden zelf is de beloning. Zoals de zenmeester Hakuin uitriep:

Dit land zelve is het pure lotusland,
Dit lichaam zelve is Boeddha's lichaam!

Alles blijft hetzelfde maar wordt uit zijn beperkende kader gelicht en het komt los van de personage die probeert het leven in een conceptuele vorm te gieten. De eeuwige jeugd (tijdloosheid) van het leven wordt herkend, het bestaan ervan erkend, de eenheid gezien, maar niet door *iemand*. Er *is* gewoon herkenning, erkenning en inzicht.

Deze tekst wil je alleen maar herinneren aan wie of wat je werkelijk bent. Het gaat niet over zelfverbetering, of over methodes en zeven-stappen-plannen waardoor je rustiger, liefdevoller en tevredener wordt. Als dat is wat je zoekt, kun je talloze andere boeken en mensen vinden die daarin voorzien.

Sta je echter open voor waarheid, laat dan je concepten van ego en zelfverbetering varen en kijk verder dan je wens om een speciale staat van bewustzijn te bereiken. Dit boek neemt de individualiteit onder de loep en kijkt er als het ware dwars doorheen. Het verwijst naar het mysterie van de zichzelf scheppende bron waaruit alles voortkomt en het nodigt je uit om je te herinneren dat jij deze bron bent. Zodra je dit herkent en inziet wat je in wezen bent, weet je dat alles precies is zoals het moet zijn. Het valt niet plotseling op magische wijze allemaal op zijn plek; alles *is* al op zijn plaats en zo is het altijd geweest.

Dit gaat niet over een geleidelijk groeien naar een toekomstig doel, maar over een radicale bewustwording van *datgene wat is*. Er is geen enkele methode die dit inzicht af kan dwingen, noch vereist het dat men eerst aan een aantal voorwaarden voldoet. Deze openbaring is onvoorwaardelijk. Zelfrealisatie kan ieder moment gebeuren voor wie dan ook. Enerzijds heb je zonderlinge, oneerbiedige, prikkelbare types die absoluut weten wie ze werkelijk zijn en anderzijds zijn er ontspannen, vriendelijke, gelukkige mensen die nog nooit hebben nagedacht over zogenaamde verlichting. Kalmte, vriendelijkheid en geluk kunnen al dan niet deel uitmaken van je dagelijkse leven als gevolg van deze bewustwording. Eenvoudig gezegd, ontwaken staat los van veranderende gemoedstoestanden, het vraagt niet dat je altijd in een goed humeur bent, of dat je er klaar voor bent.

Wakker worden gebeurt vanzelf en toont dat bewustzijn altijd en eeuwig volledig aanwezig is. Het komt wanneer het komt en zal de aandacht voor de vormen en objecten die het bewustzijn vullen verschuiven naar het bewustzijn zelf. Dit pure zijn is wat je werkelijk bent. Zelfs wanneer je denkt dat het niet zo is, maakt deze gedachte gewoon deel uit van de vergankelijke inhoud van bewustzijn en verandert niets aan dat bewustzijn zelf. Wees gewoon jezelf. Accepteer het om gelukkig, depressief, kwaad of extatisch te zijn. Observeer wat er in en rondom je speelt, maar raak er niet in verstrikt. Onthoud dat je grenzeloos Puur Bewustzijn bent, waarin jouw personage als een rol van de universele acteur verschijnt.

Voor mij betekende dit inzicht het einde van zowel mijn zoektocht als van mijn pogingen om mijn leven te beheersen en mezelf continu te verbeteren. Het heeft me niet bevrijd, maar duidelijk gemaakt dat ikzelf die vrijheid ben. Er is niets mee verworven maar het heeft als het ware het 'ik' opgelost. Mijn essentie is wat het altijd is geweest: Puur Bewustzijn. Dit geldt voor jou, de kat, het boek en al het andere.

Aan het verstand verschijnen deze zaken als afzonderlijke objecten, maar in werkelijkheid zijn ze allemaal expressie van dezelfde essentie. Of je je daar wel of niet van bewust bent maakt geen verschil. Alles is gewoon zoals het is, hetgeen beduidend minder en onmetelijk veel meer is dan ik mij ervan had voorgesteld.

2
Wie is de schrijver?

Van de mensen om me heen is vriendelijke maar gestadige aanmoediging uitgegaan om iets van mijn persoonlijke geschiedenis aan dit boek toe te voegen. Ik voelde een zekere aarzeling, omdat – zoals later duidelijk zal worden – het bevestigen van een persoonlijke geschiedenis in strijd is met wat dit boek heeft te vertellen. Bovendien had ik 'mijn ontwaken' al beschreven in het hoofdstuk *Verblind door het Licht*. Mijn vrouw maakte me erop attent dat het daar wordt gebruikt als een voorbeeld van waarom het in dat hoofdstuk gaat en niet als een introductie van de ik die ik ooit geloofde te zijn. En – zoals meestal het geval is – heeft ze gelijk.

Vanuit mijn huidige positie kan ik een aantal lijnen terugvolgen in ruimte en tijd en iedere keer weer tot een andere historie komen van deze verschijningsvorm. Elk op zich even waar als onwaar, en allemaal even subjectief als onvolledig. Nu ik eenmaal begonnen ben, zal ik proberen wat achtergrondinformatie te geven en mijn best doen die te beperken tot mijn rol als schrijver van deze tekst, ofschoon iedere aanspraak van mijn kant op het auteurschap in tegenspraak is met wat dit boek te zeggen heeft. Houd deze paradox even in gedachten wanneer je de volgende lineaire beschrijving leest van de non-lineaire gebeurtenissen, die deze persoon heeft ervaren.

Voordat we verder gaan, laat ik graag de Ierse geleerde en filosoof die onder het pseudoniem Wei Wu Wei schreef aan het woord, hoewel hij nooit beweerd zou hebben dat 'hij' de auteur was.

Jan, Piet en Klaas denken dat zij de boeken hebben geschreven die ze gesigneerd hebben (of de schilderijen hebben geschilderd, of de muziek hebben gecomponeerd, of de kerken hebben gebouwd). Maar ze overdrijven. Het was een pen die het deed, of een ander soort instrument. Hielden zij de pen vast? Ja, maar de hand die de pen vasthield was ook een instrument en het brein dat de hand stuurde eveneens. Ze fungeerden als tussenpersonen, instrumenten, slechts als apparatuur. Zelfs de beste machine heeft geen persoonlijke naam zoals Jan, Piet of Klaas nodig.

Als de anonieme bouwers van de Taj Mahal, van de kathedralen van Chartres en van Reims, van honderd architectonische symfonieën dat wisten — en de faux pas wisten te vermijden om de werken die via hun instrumentarium werden gecreëerd aan hun ego te verbinden — zou iemand die een paar opkomende metafysische inzichten neerschrijft dat dan ook niet kunnen weten?*

Ik ben geboren te Amsterdam in oktober 1948 en groeide op in een gezin dat het niet al te breed had. Van jongs af aan werd ik vertrouwd gemaakt met het idee dat het leven een spirituele dimensie heeft, alhoewel ik tegenwoordig geen

---

* Fingers pointing towards the moon: *Reflections of A Pilgrim on the Way* door WEI WU WEI (© Routledge and Kegan Paul, 1958.)

onderscheid meer maak tussen spiritueel en niet-spiritueel. Mijn ouders gingen om met natuurgenezers en helderzienden en er werden séances gehouden waarbij men in contact probeerde te treden met 'de andere wereld'. Mijn vroegste herinneringen aan 'spirituele' ervaringen dateren uit de tijd dat ik in bed gestopt werd terwijl het buiten nog licht was. De gordijnen gingen dicht en een patroon van zilveren rozen, afgedrukt op een baksteenkleurige achtergrond, liet een gefilterd licht door dat de illusie van dansende figuren op de muur schiep. Soms, wanneer ik niet kon slapen, dacht ik na over het feit dat er niets was tussen het plafond en mijzelf. Ik probeerde me dan voor te stellen hoe het zou zijn als er geen plafond was, zodat ik regelrecht in het niets kon staren. Al gauw kwam ik erachter dat dit spelletje me in een bijzondere staat van bewustzijn bracht. Terwijl mijn denken zich steeds meer overgaf aan de onmogelijkheid om zich 'niets' voor te stellen, beleefde ik een emotie die zowel vreemd als plezierig was. Ook wanneer we op een mooie dag naar het park gingen, probeerde ik dit 'niets' te bereiken door op mijn rug liggend naar de hemel te staren. Maar altijd kwam er iets mijn gezichtsveld binnen, een vogel, een wolk, of wat gras. Het hielp ook niet om mijn ogen dicht te doen, omdat er dan een wervelwind van patronen op mijn netvlies leek te dansen en op een gegeven moment moest ik het spelletje opgeven.

Toen ik acht jaar was gingen mijn ouders uit elkaar. Mijn twee jongere broers en ik bleven bij mijn moeder wonen. Toentertijd was het nog ongepast om als alleenstaande moeder door het leven te gaan. Sommige mensen probeerden te helpen, maar vele anderen – buren, leraren en maatschappelijk werkers van de sociale dienst – lieten duidelijk merken dat ze afwijzend tegenover onze situatie stonden. Het opvoeden van drie jongens was zwaar voor mijn moeder, maar ze deed wat ze kon, zonder dat mijn vader een bijdrage leverde.

Op een gegeven moment werden we katholiek. Zowel voor het comfort van het geloof als voor de materiele hulp die de kerk te bieden had. Dit was mijn eerste contact met georganiseerde religie en ik bekeek het allemaal zeer kritisch. Ik haatte het om naar de kerk te gaan, maar was gefascineerd door het religieuze onderwijs op mijn nieuwe katholieke school. De voorraad boeiende bijbelverhalen leek eindeloos, maar ik had al gauw door dat mijn onderzoekende vragen niet altijd op prijs werden gesteld. 'Met wie trouwden de kinderen van Adam en Eva?' 'Als God goed is, waarom is er dan zoveel onrecht?' 'Hoe kon een God van de liefde hele steden vernietigen, alleen maar omdat de meeste mensen er niet volgens zijn wetten leefden?' 'En waarom stuurde hij mensen naar de hel om tot in eeuwigheid te branden?' Soms zeiden ze me dat de bijbelse verhalen symbolisch bedoeld waren, terwijl ze op andere momenten weer benadrukten dat de bijbel letterlijk moest worden opgevat.

Ik vroeg me ook af waarom het eten van vis op vrijdag beschouwd werd als vasten, terwijl het overduidelijk feesten was. De lunch op vrijdag – geserveerd met witte wijn – was voor de priesters van onze parochie het hoogtepunt van de week.

We leerden dat in Gods ogen alle mensen gelijk waren, maar de rijkere gelovigen hadden gereserveerde plaatsen met zachtere knielkussens in de voorste rijen van de kerk. Het kwam allemaal nogal verwarrend over en er waren duidelijk meer vragen dan antwoorden. Waarschijnlijk omdat ik later dan andere kinderen op school in het geloof werd ingewijd, was het voor mij moeilijker om klakkeloos te accepteren wat me werd onderwezen. Hierdoor werd ik een zoeker die spirituele autoriteit wantrouwde.

Wel was ik ervan overtuigd dat er meer tussen hemel en aarde was dan we op het eerste gezicht waarnemen. Ik geloofde in God, maar ik kon de manier waarop ik over hem werd onderwezen niet accepteren. Op mijn twaalfde las ik een advertentie over een schriftelijke cursus raja yoga en haalde mijn moeder over om ons ervoor in te schrijven. De leraar was een professor in oosterse studies. Alhoewel veel van zijn teksten mij boven de pet gingen, hield iets me toch gaande. Ik ontdekte nieuwe woorden en ideeën over God, het Zelf en het hele leven, die oprechter klonken dan wat ik op school te horen kreeg.

Toen ik wat ouder was, werd het tijd om te kiezen of ik door zou gaan met school of dat ik werk zou gaan zoeken. Beide opties leken niet erg aanlokkelijk. Ik wilde tekenen, schilderen, op onderzoek uit, of avontuurlijk reizen maken. Het waren de jaren zestig en ik leerde hasjiesj roken. Ik was nog minderjarig en de autoriteiten die toezicht hielden op de kinderen van gescheiden ouders, besloten dat ik beter af was in een instituut voor moeilijk opvoedbare kinderen. Ik ben ervan overtuigd dat ze het beste met me voorhadden, maar op dat moment zag ik dat niet zo.

In dit tehuis kwam ik in contact met kinderen die daar vanwege serieuzere zaken zaten, zoals autodiefstal, inbraak en verkrachting. Mij werd verteld dat ik daar zat om moeilijkheden te voorkomen, terwijl de meeste anderen daar voor straf zaten. Ik vond dit onredelijk en ontsnapte samen met één van de 'gestrafte jongens' die, zelfs op deze jonge leeftijd, wist hoe te overleven. Hij liet me o.a. zien hoe je een kluis kon kraken en ik was een gretige leerling.

Ik leefde op straat, reisde liftend door Europa en kwam in aanraking met harddrugs en naalden. Uiteindelijk hielpen de psychedelica – met name LSD – me uit die verslaving en brachten me terug naar een meer evenwichtige staat van zijn.

Ik werd een macrobiotische hippie, trouwde en kreeg mijn eerste dochter, Leela. Ik was weer druk aan het lezen en mediteren en hervond mijn interesse in allerlei mystieke zaken. Zoals velen van mijn generatie maakte ik een reis naar India over land. Onderweg werd ik blootgesteld aan nieuwe culturen en had ik tijd om te lezen, te feesten en yoga te beoefenen. Spirituele oefeningen leken er in mijn vriendenkring nu eenmaal bij te horen, maar ik moet bekennen dat ze mij niet echt boeiden. Ik had geen specifieke leraar. De boeken van Alan Watts waren het licht op mijn pad en vormden mijn grootste bron van inspiratie; maar het leven zelf was de ware leraar en op de een of andere manier gebeurde datgene wat nodig was voor mijn zoektocht altijd op het juiste ogenblik, ofschoon ik het vaak op het moment zelf niet herkende.

Wanneer ik terugkijk, realiseer ik me dat er magische momenten waren waarop af en toe een glimp was te zien van de levendige aanwezigheid die openlijk verschijnt als alles en die er tegelijkertijd in verborgen is. Om deze reden hebben mensen als Wei Wu Wei en Tony Parsons ernaar verwezen als het 'open geheim'.

Door de jaren heen waren er enkele zogeheten mystieke ervaringen, of piek ervaringen. Maar uiteindelijk kan ik alleen maar zeggen dat er pijn en vreugde zijn geweest, winnen en verliezen, tijden van armoede en van rijkdom, feesten en gevangenissen, ziekenhuizen en gezondheid. Er zijn momenten van wanhoop geweest op stralende witte stranden en momenten van enorme vrijheid in koude donkere cellen met ijzeren tralies.

Door dit alles heen bleef het zoeken gewoon doorgaan. Achteraf gezien heeft niets in de zoektocht een functie of betekenis gehad die op zichzelf leidde tot het wakkerworden, tenzij we het opgeven van de zoektocht als gevolg van die zoektocht in aanmerking nemen. Het zoeken bestond uit het verzamelen van informatie en het opdoen van ervaringen, terwijl het ontwaken werd en wordt onthuld door het loslaten van concepten en verwachtingen. Dit loslaten is vanzelf gebeurd en is niet het resultaat van een persoonlijke wilsinspanning. Ook het persoonlijke verhaal van dit veronderstelde individu is losgelaten en zelfs nu ik het vertel is er niemand overgebleven die de beloning van verlichting of het auteurschap van deze tekst kan opeisen. Misschien is het je duidelijk wat het opgeven van deze aanspraak betekent. Zo niet, dan wordt het misschien opgehelderd tijdens het lezen van dit boek.

3

Aan de oever van de rivier

Ook jij bent al aan de andere kant. Verlichting of zelfrealisatie is geen privilege, voorbehouden aan een paar bevoorrechte mensen. Verlichting is je wezenlijke natuur, hier en nu. Alhoewel het een goed idee is om dit boek vanaf het begin te lezen, is het geen en kan het ook geen lineair meerstappenplan zijn over hoe je verlichting kunt bereiken. Het gaat ook niet over het verbeteren van jezelf, of over het vergaren van kennis. Het gaat erom je te herinneren wat nooit echt is vergeten. Het gaat over wie en wat je werkelijk bent, niet over wat je zou moeten zijn of worden. Je kunt deze tekst zien als een weefgetouw waarmee woorden in concepten worden geweven, die wijzen naar een dimensie die het denken overstijgt.

Het enige dat dit boek op verschillende manieren zegt is: 'Dit is *het*, *jij* bent *het*.' Het is prima als één keer lezen voldoende is voor je, maar ben je een zoeker, of ben je gewoonweg gefascineerd door dit onderwerp, dan kun je de tekst gebruiken om deze boodschap te onderzoeken via ideeën en concepten als verlichting, het ego, het intellect, het lichaam, de dood, spirituele oefeningen, de positie van leraren en je identiteit als zoeker. Het gaat over het verrassende *her*-kennen van het wonder van onze gemeenschappelijke en ware identiteit en over het *her*-inneren van de schijnbaar vergeten schatkamer in onszelf. Het boek is niet bedoeld om zieltjes te winnen of oude geloofsovertuigingen en concepten te vervangen door nieuwe. Het gaat niet over iets wat ik wel heb en weet, maar jij niet. Het spreekt over Puur Bewustzijn, hetgeen uiteindelijk alles is wat er is. Als dat waar is, vloeit daaruit voort – of je het herkent of niet en of er een ogenschijnlijke zoektocht naar verlichting is of niet – *dat jij HET bent.*

Deze tekst mag misschien een klein duwtje zijn dat, indien op het juiste moment gegeven, tot een plotseling ontwaken kan leiden net zoals een sneeuwbal een lawine kan veroorzaken. Het volgende verhaal over de meester-technicus en de drukpers illustreert dit op amusante wijze:

Een uitgeverij was in het bezit van een enorme drukpers die van essentieel belang was voor het bedrijf. Op een ochtend wilde de machine, na jarenlange trouwe dienst, niet starten. De technici van het bedrijf probeerden tevergeefs om

*het apparaat weer aan de praat te krijgen. Uiteindelijk ga-
ven ze het op en schakelden ze een expert in die aan de
andere kant van het land woonde. Hij kwam de volgende
avond aan. Het was te laat om het werk te beginnen, dus
nam hij voor de nacht zijn intrek in een hotel.*

*De volgende ochtend pakte hij zijn gereedschapskist en ging
meteen naar de uitgeverij waar hem de zwijgende machine
werd gewezen. Hij liep er omheen, deed een paar proeven
en ontdekte dat er niets mis was, behalve dat de drukpers
door jarenlang werk en vibreren niet meer helemaal waterpas stond. Hierdoor weigerde de machine te starten. Hij
nam wat maten op, haalde een wig uit zijn gereedschapskist en plaatste die op een exacte plaats tussen de vloer en de
machine. Daarna gaf hij de wig een paar zachte tikken met
de hamer, draaide de knop om en de machine kwam onmiddellijk tot leven. De uitgever was tevreden over het snelle
resultaat maar vond de rekening van 2 700 dollar buitengewoon hoog. Toen de meester-technicus werd gevraagd om
het uit te leggen, splitste hij de rekening als volgt op:*

$ 450 voor het vliegticket;

$ 150 voor eten en hotel;

$ 90 arbeidsloon;

*$ 10 voor de wig om de machine waterpas te maken en
ten slotte $ 2 000 voor de kennis over waar en hoe hij hem
moest plaatsen.*

Dit boek kan zo'n wig zijn. Er hoeft niets gerepareerd te
worden. Je bent compleet zoals je bent. Het (re-)activeren
van dit inzicht hangt alleen af van het feit of dit het juiste
moment is voor jou om 'waterpas' met jezelf te komen. In
het oosten wordt gezegd dat de goeroe verschijnt zodra je er

rijp voor bent. Dat betekent niet per se dat op een zekere ochtend de deurbel rinkelt en er een wijze voor je neus staat die tegen je zegt: 'Goedemorgen beste waarheidszoeker. Het is mij ter ore gekomen dat je een punt hebt bereikt waarop je klaar bent om HET ANTWOORD te ontvangen, en ik ben gekomen om het je te geven.'

Het betekent gewoon dat de uitnodiging om te zien wie je werkelijk bent altijd hier en nu aanwezig is. Datgene wat de uitnodiging aanreikt, of de persoon van wie de uitnodiging of het onderricht komt, wordt in veel oosterse tradities 'de goeroe' genoemd. De goeroe kan natuurlijk verschijnen als een persoon, maar is geen persoon. De goeroe is een manifestatie van de bezielende energie die zich in en als alles manifesteert. Het is het leven zelf. Zolang we door de gekleurde brillenglazen van onze persoonlijke behoeften en meningen blijven kijken, zien we deze alom aanwezige uitnodiging over het hoofd.

Via ons innerlijk bewustzijn toont hij onophoudelijk zijn aanwezigheid. Dit goddelijke upadesa (instrueren) vindt van nature altijd in iedereen plaats. *

Sri Ramana Maharshi

De informatie die we uit al onze ervaringen selecteren, wordt voornamelijk gefilterd op relevantie voor het directe belang in relatie tot ons overleven en door onze onmiddellijke behoeften en verlangens. We zijn onder andere op zoek naar voeding, seksuele partners, sociaal aanzien en zekerheid. Dit verdeelt onze zintuiglijke waarnemingen in twee fundamentele categorieën: bruikbare en onbruikbare informatie. De

---

* Uit: *The Power of the Presence* by David Godman, ISBN 0971137110.

bruikbare gegevens worden toegelaten tot het *hoofd*kwartier, terwijl de meeste overige signalen worden genegeerd. Deze manier van informatieverwerking is misschien heel efficiënt om te overleven, maar het gaat ten koste van onze gevoeligheid en ons waarnemingsvermogen.

We gebruiken dit databeheersysteem niet alleen voor het vervullen van onze concrete en materiële basisbehoeften maar ook voor het instandhouden van de meer abstracte behoeftes van ons ego zoals bevestiging van onze meningen en overtuigingen. We filteren en censureren de voortdurende stroom van informatie op wat relevant is voor ons overleven, of op een bevestiging van wat wij als waarheid accepteren. Dit selectieve waarnemen werkt op elk niveau; soms is het makkelijk te herkennen en soms is het meer subtiel. Bijvoorbeeld, je hebt net een Volkswagen gekocht en plotseling zie je overal Volkswagens. Als je verliefd bent zie je de tekortkomingen van je partner niet, terwijl als je vooringenomen bent tegen een bepaalde etnische bevolkingsgroep, je de neiging kan hebben om de positieve daden en kenmerken van die mensen te negeren, of zelfs af te kraken om je eigen mening te ondersteunen. Natuurlijk waren de Volkswagens er altijd al, je geliefde is net zo volmaakt of onvolmaakt als ieder ander en onder elk ras bevinden zich aardige en wrede, wijze en dwaze mensen. Veel van wat en hoe je waarneemt wordt bepaald door je 'innerlijke selectiecomité' zoals bijvoorbeeld in het volgende sufi verhaaltje:

Een reiziger arriveert in een hem onbekend land. Vlak over de grens ziet hij een oude man onder een boom zitten. Hij stapt op hem af en vraagt naar de aard van de mensen in dit voor hem vreemde land. De grijsaard antwoordt: 'Hoe zijn de mensen in jouw land?' 'O', antwoordt de reiziger, 'erg vriendelijk, behulpzaam en vrijgevig.' 'Wel,' zegt de oude man, 'ik denk dat je ze hier ongeveer hetzelfde zult vinden.' Enige dagen later stopt een andere reiziger bij de man onder de boom en stelt hem dezelfde vraag en deze antwoordt weer: 'Hoe zijn de mensen in jouw land?'

'Ze hebben altijd haast', is het antwoord, 'ze denken hoofdzakelijk aan zichzelf en aan geld verdienen.'

De oude man haalt zijn schouders op en zegt: 'Ik denk dat je ze hier ongeveer hetzelfde zult vinden.'

Als er op een gegeven moment een spontane overgave is van de persoonlijke behoeften, voorkeuren, verlangens, meningen en overtuigingen, die als 'realiteitsfilters' werken, kan de herkenning van je ware identiteit spontaan doorbreken. Als dat gebeurt, zijn er verder geen vragen meer. Dan zie je dat alles het antwoord is, dat de goeroe altijd en eeuwig volledig aanwezig is. Hij manifesteert zich als de persoon, de innerlijke stem, of de gebeurtenis die je tot deze overgave uitnodigt. Hoe de invitatie zich ook aandient, het komt te allen tijde van de immer aanwezige goeroe. Het kan de stilte van de mysticus zijn, of de woorden van een winkelier. De overgave kan door lijden of door extase ontstaan. Het kan gebeuren door een appel die op je hoofd valt, of door de glimlach van een kind; het kan vanuit diep in jezelf omhoogkomen terwijl je bij zonsondergang langs het strand loopt, of zomaar als je je vinger aan de kachel brandt. Ieder moment kan je gevoel van dualiteit oplossen, om zo de Ene te openbaren die alle dualiteit overstijgt. Zoals een zenmeester schreef toen hij ontwaakte:

Toen ik de klank van de tempelbel hoorde,
was er plotsklaps geen bel en geen ik meer,
louter geluid. *

Ten slotte krijg je hier geen antwoorden, behalve die je jezelf wilt geven. Als dit boek zo'n weerklank in je vindt dat die tot inzicht leidt, is dat een geschenk en niet de prestatie van de schrijver of de lezer. Zoals al in het vorige hoofdstuk is gezegd, zal deze tekst juist proberen te laten zien dat er lezer noch schrijver is. Deze woorden zijn niets anders dan een liefdevolle herinnering van jezelf aan jezelf dat jij reeds ontwaakt bent.

* Uit: *Nonduality* van David Loy. Humanity Books ISBN 1-57392-359-1 (pbk.)

4
Wat je hier leest is niet de waarheid!

Het eerste hoofdstuk van de Tao Te Ching opent met de volgende uitspraak: *De tao die in woorden kan worden uitgedrukt is niet de werkelijke tao.* Je zou dus mogen verwachten dat Lao Tse verder zwijgt en zijn penseel en rijstpapier in de prullenbak gooit. In plaats daarvan schrijft hij nog eens tachtig hoofdstukken over de tao die niet in woorden valt uit te drukken.

Hier lijkt het volgende spreekwoord van toepassing: 'Waar het hart vol van is, loopt de mond van over.' Vergelijk het met een man die verliefd is en over niets anders dan zijn beminde kan praten. Het is niet zijn bedoeling om zijn vrienden uit te nodigen om met haar te flirten, maar het is gewoonweg onmogelijk om *niet* over haar te praten. Wellicht schrijft hij haar lange liefdesbrieven waarin hij zegt dat woorden tekortschieten om uiting te geven aan de liefde die hij in zijn hart voelt. Als de geliefde in kwestie zijn gevoelens deelt, begrijpt deze wat hij bedoelt, ongeacht het feit dat hij zegt niet in staat te zijn om zijn gevoelens juist te verwoorden.

Deze tekst gaat eveneens over datgene wat niet in woorden te vatten is, maar dat wil niet zeggen dat je de boodschap niet doorkrijgt. Het is niet de bedoeling je te bekeren, maar het is iets waar mijn hart vol van is en – zoals de meeste verliefden – wil ik mijn verhaal graag met je delen. Het is echter duidelijker om te zeggen dat het *dat* is wat *zichzelf* deelt, *datgene* wat we allemaal gemeenschappelijk hebben, het stralende, Zelf-bewuste centrum van ons collectieve zijn.

Lees nu de *disclaimer*:*

Je wordt geadviseerd om deze tekst zorgvuldig te lezen, zodat je de concepten die dit boek bevat niet voor zoete koek aanneemt. Deze begrippen bevatten net zomin de waarheid, als het woord 'water' je dorst kan lessen. Bovendien kunnen ze schadelijk zijn voor je ego, je overtuigingen en je huidige waarden. Voorzichtigheid is geboden in gevallen van vastgeroeste opvattingen, omdat het lezen van dit boek kan leiden tot intensief buigen en strekken, of zelfs tot de vernietiging van je model van werkelijkheid. Natuurlijk moet je ook deze *disclaimer* met een korreltje zout nemen, omdat het op zich één van de concepten is waarvoor je wordt gewaarschuwd.

Door de tekst heen zal ik je blijven herinneren aan het conceptuele karakter van dit boek en aan het feit dat het geschrevene slechts een verwijzing of wegwijzer is die voortdurend hetzelfde op verschillende manieren herhaalt. Door boven op de wegwijzer te klimmen, bereik je uiteraard je bestemming niet. Het is, zoals van zen gezegd wordt, 'een vinger die naar de maan wijst'. Als jij je op de vinger concentreert dan zie je het licht niet waarnaar het wijst.

De maan voor deze tekstuele vinger is het ultieme subject, of *datgene wat niet tot een object gemaakt kan worden.*

---

* Een waarschuwing van de fabrikant bij zijn product. Veel voorkomend in de VS waar rechtszaken voor schadeclaims een nationale sport lijken te zijn.

Het is de bron voor en voorbij tijd en ruimte die elke classificatie tart, maar desalniettemin vele namen heeft gekregen, zoals God, de ultieme basis van zijn, de tao, je oorspronkelijke gezicht, of je diepe Zelf (wat ik – zoals je misschien hebt opgemerkt – onderscheid door een hoofdletter Z te gebruiken).

Deze bron is wat je werkelijk bent; het is je ware natuur, je echte thuis, je geboorterecht en de schat die je klaarblijkelijk bent vergeten. Zodra deze schat wordt *her*-kend of *ont*-dekt, weet je dat je wezenlijke zelf (je Zelf) onsterfelijk is en nooit is geboren, eeuwig is en tijd en ruimte overstijgt. Je zult je voelen als de arme man uit het sprookje, die plotseling ontdekt dat zijn vader in feite de koning is. Dit *her*-inneren wordt zelfrealisatie of verlichting genoemd, helderheid, of het uiteindelijke inzicht. Het maakt niet uit hoe je het noemt. Plak er het label op waar je je comfortabel mee voelt. Ze wijzen uiteindelijk allemaal naar dezelfde waarheid.

Alhoewel ik geen specifiek religieus, wetenschappelijk, of filosofisch systeem propageer, zal ik vrijelijk citeren uit verschillende bronnen. Deze referenties zijn misschien gekleurd door de culturele of sociale context waar ze uit voortkomen, maar ik vind het bijzonder fascinerend dat totaal verschillende stromingen in de westerse en oosterse filosofie, religie en wetenschap – vaak met eeuwen ertussen – naar dezelfde essentie verwijzen.

Als je het maximum wilt halen uit het lezen van dit boek, wees dan open en voel of deze woorden weerklank in je vinden. Kijk of het je innerlijke kompas naar het ware noorden draait, naar datgene wat je werkelijk bent.

Het uiteindelijke en onoverkomelijke probleem met woorden is dat ze, net als een kompas, kunnen wijzen *uit*, maar nooit *naar* het centrum van waaruit gewezen wordt. Voor hen die zien vanwaar en waarheen het kompas wijst, is de wezenlijke natuur onmiddellijk beschikbaar. In dit weten ligt de realisatie dat de kenner en het gekende een fundamentele eenheid zijn en dat hun ogenschijnlijke onderscheid oplost in de ondeelbare ruimte van Puur Bewustzijn.

hoe breekbaar en tijdelijk creëren is

5

Laat je niet afschrikken

In de voorafgaande hoofdstukken werd een aantal nogal imponerende woorden gebruikt zoals God, ultiem, onsterfelijk en het ontstijgen van tijd en ruimte. Behalve het feit dat deze woorden niet toereikend zijn om het onbeschrijfelijke te beschrijven, hebben ze ook de neiging om de pure eenvoud die inherent is aan zelfrealisatie te ontmaskeren. Verlichting is niet een moeilijk bereikbare en verheven toestand, die slechts is voorbehouden aan een paar uitverkorenen. Feitelijk kan verlichting helemaal niet door iemand bereikt worden, wat pas duidelijk wordt zodra de illusie van een zelfstandig individu dat verlichting zoekt verdwijnt. Puur Bewustzijn is altijd al volledig aanwezig. Het is geen realisatie die ergens anders of in de toekomst op ons wacht, noch is het een gebeurtenis die zich in het domein van ruimte en tijd voltrekt. Integendeel, de dimensies van ruimte en tijd bevinden zich in Puur Bewustzijn, dat zichzelf voortdurend manifesteert als jij, ik en alles wat er is. Het is deze tekst, het lezen van deze woorden en de achtergrond waarop ze geschreven zijn; het is je ademhaling, het kloppen van je hart, de geur van verse koffie 's morgens vroeg, de hondenpoep op de stoep, de sterren, de planeten en de eindeloze ruimte waarin het zich allemaal afspeelt. Het is het gehele universum en tevens dat wat het waarneemt. Het is allesomvattend en staat er tegelijkertijd los van; het is de schepper en de vernietiger van alles. Het is zoals het is, ongeacht of er nu een inzicht is, of juist het idee van een 'ik' die het niet begrijpt. Zoals een zen-tekst het verwoordt:

Als je het begrijpt, zijn de dingen precies zoals ze zijn.
Als je het niet begrijpt, zijn de dingen precies zoals ze zijn.

Als dit duidelijk is, gooi het boek dan weg, gebruik het om er een vuurtje mee te stoken of geef het aan een vriend. Als het onduidelijk is, laten we dan eens kijken of er een manier is om tot inzicht te komen. Of misschien komen we wel tot de verrassende ontdekking dat juist het geloof in een pad dat tot inzicht leidt, inzicht in de weg kan staan. Zou het kunnen zijn dat we ronddolen op zoek naar het licht met een brandende lantaarn in onze hand?

6
Heiligen, zondaars, zoekers en wijzen

Er is maar één goeroe, altijd aanwezig,
Het hele universum is zijn verblijfplaats,
Er is geen behoefte aan een pad naar hier,
Het is niet nodig te mediteren, want alles is volmaakt,
Je hoeft niet te vinden wat nooit was verloren.

Als je tot dit punt bent gekomen en nog steeds leest, bestaat er een goede kans dat je binnen de categorie zoekers
valt. Veel zoekers geloven oprecht in het vinden van de
waarheid en dat deze hen zal bevrijden. Het is alleen zo
dat de meesten van hen al hebben besloten hoe deze waarheid eruit zou moeten zien. Om te beginnen, zijn ze er
vaak van overtuigd dat deze waarheid iets objectiefs en
bereikbaars is. Vervolgens wordt verondersteld dat er een
pad naar waarheid, vrijheid, verlichting, of zelfrealisatie
bestaat en dat een verlichte meester dit pad kan wijzen.
Zelfrealisatie – dat hoopt men althans – zou worden bereikt door dit pad te volgen.

Op de spirituele markt bestaat een royaal aanbod van
richtingen en methodes, waaruit de zoeker kan kiezen.
Meester Eckhart, een Duitse, christelijke mysticus die van
1260 tot 1328 leefde, zegt daarover het volgende:

Wie God zoekt via een speciale weg, zal de weg vinden maar God verliezen, die verborgen is in de weg. Maar wie God zoekt zonder een speciale weg te volgen, zal Hem vinden zoals Hij werkelijk is... en Hij is het leven zelf.

De meeste van deze wegen propageren beperkingen, discipline en om op de een of andere manier een goed mens te zijn. Hoe beperkingen en discipline naar vrijheid kunnen leiden is een raadsel, maar hoe dan ook, de zoeker gelooft dat hij, als hij met toewijding het gekozen pad volgt, in aanmerking komt voor een kosmische promotie. Van God, of welke naam men dan ook voor het ultieme heeft, wordt verwacht dat hij/zij deze inspanningen honoreert, hetzij door zichzelf te openbaren, hetzij door de zoeker te zegenen met een *grand finale*, waarin de waarheid wordt onthuld. Deze 'inwijding' resulteert vervolgens in het bereiken van de vermeende verlichting. In dit scenario wordt verlichting gezien als een betoverende staat die voor eens en voor altijd alle problemen van het leven oplost en terloops de persoonlijkheid van de zoeker transformeert in een pure geest, gezegend met stralende liefde, eeuwige extase en de kunst van het juiste handelen.

Meestal kijkt de zoeker uit naar een meester of wijze die kan helpen deze ervaring te verwezenlijken. Van deze 'verlichte' wordt niet alleen verwacht dat hij wijs is, maar ook dat hij of zij een heilige is. De verschillende 'goeroeverlanglijsten' die zoekers eropna houden weerspiegelen dit idee en vermelden allerlei gewenste karaktereigenschappen zoals: liefdevol, vergevingsgezind, geduldig, ascetisch, vegetarisch, charismatisch enzovoorts. De wijze heeft bij voorkeur zilvergrijs haar, komt uit het oosten, draagt exotische gewaden en straalt een magische vibratie uit.

Voor de zoekers die dit boek nog niet geïrriteerd hebben dichtgeslagen, erken ik dat ik hierboven een eenzijdig beeld heb geschetst omwille van het effect. De oprechte zoeker lijkt veel gevoel, energie en toewijding in zijn zoektocht te investeren. Ik zeg 'lijkt', omdat het moment van 'openbaring' toont dat er in werkelijkheid nooit een zoeker is geweest; *datgene* wat zich als de zoeker manifesteerde was datgene wat werd gezocht. Het is net alsof één persoon verstoppertje speelt met zichzelf. De zoeker en de vinder, de leraar en de student zijn allemaal maskers van het ene Zelf.

Wanneer jij je ware leraar tegenkomt, kan dat inderdaad emotioneel overweldigend zijn, maar in werkelijkheid is het een ontmoeting van het Zelf met het Zelf. Indien en wanneer er zo'n connectie plaatsvindt, dan manifesteert het wonder ervan zich zowel in de zoeker als in de meester. Het is net als twee vlammen die herkennen dat zij een en hetzelfde vuur zijn. De manifestatie van deze energie, in de vorm van de interactie tussen leraar en student, gebeurt — net als verliefd worden — spontaan en niet door het najagen van vastgeroeste ideeën die men als de waarheid beschouwt.

Dit betekent niet dat je hoeft te wachten op zo'n soort gebeurtenis. De ware leraar is het leven zelf. De uitnodiging om dat te zien wordt op dit moment aangeboden en alhoewel de begeleiding van een formele leraar voor velen een hulp kan zijn, is die niet noodzakelijk. Er bestaan geen vaste regels voor hoe het ontwaken zou moeten gebeuren. Het probleem met een reeds ingenomen standpunt over de aard van de felbegeerde heilige graal van de waarheid en over de verpakking waarin deze zou moeten worden aangereikt, maken de zoeker blind voor de mogelijkheid dat de bevrijding die hij zoekt altijd al volledig aanwezig en direct beschikbaar is. Ramana Maharshi zei:

Doe niet je best om eraan te werken of om alles op te geven; je inspanning houdt je gevangen.

In plaats van direct te zien *wat is*, blijft de zoeker wachten op een toekomstige verlichting, zich niet realiserend dat hij al thuis is en altijd thuis is geweest. Via zijn bevattingsvermogen probeert hij te anticiperen hoe een uiteindelijk en totaal inzicht eruit zal zien; hoe het zal zijn als God en het universum hun geheimen prijs geven. Aangezien het verstand echter zelf deel uitmaakt van dit universum, is het per definitie niet in staat om dit te bevatten.

Het volgende citaat laat zien dat zelfs de besten onder ons verstrikt raken in veronderstellingen over het absolute:

Einstein: *God dobbelt niet.*
Einstein: *God is niet kwaadwillig.*
Bohr:* *Einstein, hou op God te vertellen wat hij moet doen!*

Het opgeven van je verwachtingen en gewoon accepteren van *wat is* schept ruimte voor een vacuüm dat gevuld kan worden met verrassende alternatieven. Je kunt bijvoorbeeld herkennen dat vinden niet het gevolg is van zoeken, maar dat juist het opgeven van de zoektocht helderheid schept. Dat het niet gaat om *wat* je ziet, maar om het zien zelf; dat lang gekoesterde overtuigingen ontmaskerd kunnen worden als conceptuele hindernissen en dat spirituele oefeningen een afleiding kunnen zijn van de kern van de zaak. Met

---

* Niels Bohr (1885 – 1962): Deense fysicus

dit directe zien wordt duidelijk dat er geen afgescheiden zoeker bestaat die ergens in de toekomst verlichting kan bereiken. De zoeker en het gezochte lossen allebei op in de realisatie dat hij al thuis *is*.

Tegen de uitgeputte zoeker zou ik willen zeggen: stop met zoeken en laat je concepten varen. Stop met het achterna te hollen van je eigen staart, ga zitten en ontspan je. Het loslaten van je vooringenomen ideeën kan je aandacht plotseling doen verschuiven van de ver verwijderde horizon waarnaar je staart, in de hoop op een grootse en buitengewone gebeurtenis, naar het mysterie dat overal om je heen en in je eigen ogen bestaat. Door deze overgave kun je openstaan voor – en jezelf misschien zelfs in gezelschap vinden van – de meest informele meesters.

Begrijp in ieder geval dat Puur Bewustzijn alles is wat er is en dat elk concept van een meester 'daar buiten' alleen bestaat vanuit het perspectief van een denkbeeldige zoeker. Derhalve beschouwen werkelijke meesters zichzelf niet als meester, maar zij weten dat jij jezelf als discipel ziet. Ze zullen je vertellen dat jij *het* bent en als je zegt: 'Ja, maar,' herhalen ze dezelfde waarheid, of vragen je om je te ontspannen, de vloer te vegen, stil te zijn of misschien zwijgen ze zelfs wel. Wat ze ook zeggen, doen, of niet doen, ze voldoen waarschijnlijk niet aan je verwachtingen.

Kun jij je een wijze voorstellen die een tabakswinkel heeft, rookt en die in een grote stad om de hoek van de rosse buurt woont? Deze leraar heeft werkelijk bestaan. Deze winkelier, die kennelijk ook nogal opvliegend kon zijn, zorgde voor zijn kinderen en ontving zoekers uit de hele wereld. Hij communiceerde met hen via tolken en vertalers ondanks het feit dat hij Engels scheen te kunnen spreken.

Misschien heb je hierin al Shri Nisargadatta Maharaj herkend, één van de meest gerespecteerde mystici van de twintigste eeuw.

Hieronder volgt een dialoog tussen een zoeker en Shri Nisargadatta Maharaj:

> **Zoeker:** *Er is mij ter ore gekomen dat iemand die verlicht is, nooit iets onaardigs zal doen, dat hij zich voorbeeldig gedraagt.*
>
> **Shri Nisargadatta Maharaj:** *Wie geeft het voorbeeld? Waarom zou iemand die vrij is zo nodig regels moeten volgen? Zodra iemand voorspelbaar wordt, kan hij onmogelijk vrij zijn.* *

Of neem bijvoorbeeld zijn student Ramesh Balsekar. Hij is een geduldige man, is getrouwd en is grootvader. Hij verwelkomt zoekers van overal ter wereld, niet in een ashram, maar gewoon bij hem thuis in zijn woning in Mumbai. Ramesh is een gepensioneerde bankdirecteur en een ontwaakte leraar en schrijver over non-dualiteit/advaita. Dit is wat hij ooit eens heeft gezegd over zijn onderricht:

> *Als je hier iets hebt opgepikt, prima. Zo niet, prima. Als er als gevolg daarvan iets verandert, laat het zo zijn. Als het inzicht op welk niveau dan ook enige betekenis of waarde heeft, blijkt dat vanzelf, op een natuurlijke wijze. Er is niet 'iemand' die dat kan bewerkstelligen.* **

---

* Uit: *I Am That*. Chetana Publications 1973
** Uit: *Sin and Guilt*, Zen Publications, Mumbai India. Tel. + 91 22 4922429 of 491 8258

Een andere leraar die ik graag wil vermelden is Tony Parsons uit Engeland. Hij is een toegankelijke, (buiten-)gewoon vriendelijke persoon, die meer geïnteresseerd is in het delen van deze/zijn aanwezigheid dan in hiërarchische leraar/student-verhoudingen. Zelfs nu ik dit schrijf kan ik hem horen zeggen: 'Er is hier niemand die iets deelt. Er is slechts zijn. Dit is het. Dit is het beminde.' Hij haalt ieder geloof in een toekomstige verlichting onderuit en nodigt de zoeker uit om te zien *wat is*. In zijn boek *Zoals Het Is* zegt hij:

> *Dit is het en daarmee houdt het op. Hou op met zoeken naar iets dat zou moeten gebeuren en word verliefd, word innig verliefd op het geschenk tegenwoordig te zijn in wat is. Hier, precies hier, is het thuis van alles waar je ooit naar zult verlangen. Zo eenvoudig en gewoon en schitterend. Zie, je bent al thuis.* *

Een leraar die ik hier als laatste wil introduceren en die absoluut niet voldoet aan het clichébeeld van de heilige persoon, is Wayne Liquorman, een Amerikaanse schrijver/uitgever en een discipel van Ramesh Balsekar. Hij maakt er nooit een geheim van dat hij vroeger alcoholist is geweest. Hij verwijst zelfs naar deze periode en bestempelt zichzelf als een varken dat alleen maar meer wilde – meer drank, meer drugs, meer seks – meer, meer, meer. En 'meer' was nooit genoeg. Op een dag werd hij wakker en was in één klap nuchter. In zijn eigen woorden:

> *Aan het eind van een vierdaagse zuippartij kwam er een moment waarin ik absoluut zeker wist dat die fase van mijn*

* Uit: *Zoals Het Is*; 2003, uitg. Samsara; vertaling Belle Bruins

leven voorbij was. Het was alsof er een knop was omge-
draaid. De obsessie was verdwenen. Er was geen sprake van
weerstand of van iets doen. Het was gewoon verdwenen. En
wat overduidelijk was, was dat ik het niet had gedaan.
Omdat ik het niet had gedaan, zat ik met de vraag: Wat is
het dat dit in mij heeft veroorzaakt? Als ik niet de meester
van mijn eigen lot ben, wat is dat dan wel? Op dat moment
verdween mijn hoofd in de muil van de tijger, de kaken
klapten dicht en er was geen ontsnapping meer mogelijk. Ik
werd een zoeker. *

Als je Wayne nu ontmoet, zie je een grote man met een
gulle lach en een enorm gevoel voor humor. In zijn boek
Acceptance of What Is zegt hij over de zoekers die naar hem
toe komen:

Er komen hier veel mensen en als datgene wat ik zeg strookt
met wat ze al weten en met wat zij als waarheid zien, zeg-
gen ze: 'Deze man weet werkelijk waar hij het over heeft.
Hij is oké!' (Gelach) En als ik iets zeg wat niet overeenkomt
met wat ze al weten of als de waarheid zien, zeggen ze: 'Hij
lult uit z'n nek,' en dan gaan ze weer verder. **

Excentrieke mystici zijn niet alleen van onze tijd. Hetgeen
wordt verwoord in een gedicht, toegeschreven aan Shankara,
de Indiase filosoof uit de achtste eeuw en vader van advaita
vedanta:

---

* Uit: www.advaita.org/Wayne Liquorman interviewed by Blayne Bardo,
May 1998
** Uit: *Acceptance of What Is, A Book About Nothing.* Advaita Press ISBN 0-
929448-19-7

Soms naakt, soms gek,
Soms als geleerden, dan weer als dwazen,
Zo verschijnen zij op aarde,
De vrije mensen!

Wanneer we over zenmeesters en de taoïstische wijzen uit vroegere tijden lezen, komen we soms behoorlijk ruwe kerels tegen. Sommigen gebruikten stokken, sloegen hun studenten, dronken te veel, of haalden zelfs een houten beeld van Boeddha uit een tempel om er tijdens een koude nacht een vuurtje mee te stoken. Dat wil niet zeggen dat gewone of kwajongensachtige wijzen de enige ware mystici zijn, want dit zou wederom een poging zijn om een beeld te scheppen waaraan de ideale mysticus zou moeten voldoen. Er wordt evenmin gesuggereerd dat een wijze nooit een heilige zou kunnen zijn, maar alleen dat een wijze het niet hoeft te zijn; een wijze kan net zo goed een huisvrouw, soldaat, of zakenman zijn. Bij het loslaten van verwachtingen over de waarheid die men zoekt en over de wijzen die het 'weten', zou je wel eens een plotselinge verrassing in je directe omgeving kunnen ontdekken. Wanneer je accepteert dat de wijzen gewoon menselijk en niet bovenmenselijk zijn, wordt het makkelijker om jezelf te accepteren zoals je bent. Het bevrijdt je van onrealistische verwachtingen over leraren en van het zelfbeeld waaraan je denkt te moeten voldoen. Je waarheid en vrijheid liggen in wat je nu bent, door eenvoudigweg te accepteren *wat is*.

Roemi zei:

Kijk niet naar mijn uitwendige vorm, maar neem wat ik in mijn hand heb.

Dus wat wordt er hier aangereikt? Wat zit er in deze hand? Is het iets wat we kunnen waarnemen, ontvangen, vastpakken, of op zijn minst iets wat we kunnen begrijpen?

7
Begrijp je het?

De wetenschap kan het ultieme mysterie van de natuur niet oplossen. En dat komt omdat wij, uiteindelijk, zelf deel zijn van het mysterie dat we proberen op te lossen. *

Er wordt vaak gezegd dat verlichting niet te bevatten is door het intellect. In dit hoofdstuk wordt deze bewering, die op verstandelijk niveau veel wantrouwen oproept, nader onderzocht. Vage aanduidingen zoals *Alles is één, Dit is het* en *Voorbij tijd en ruimte* redden het niet. Het intellect wil per se feiten en is ervan overtuigd dat als iemand nu eens gewoon goed zou uitleggen wat verlichting is, het dit dan zeker zou snappen. Het volgende verhaal illustreert dat het krijgen van een correct antwoord niet altijd even nuttig is als we zouden verwachten.

In zijn boek The Hitchhikers Guide to the Galaxy *vertelt Douglas Adams ons over een aardbewoner, Arthur Dent, die van onze planeet is ontsnapt vlak voordat deze wordt vernietigd om plaats te maken voor een intergalactische snelweg.* De Hitchhikers Guide *(gids voor lifters) wordt zijn onmisbare reisgenoot en het motto van de gids: 'Geen pa-*

---

* Max Planck (Karl Ernst Ludwig)(1858 – 1947) Theoretisch fysicus

niek' helpt hem menig avontuur te doorstaan. Op zijn reis door het heelal hoort Arthur Dent het verhaal over een super-computer met de naam Diepzinnige Gedachten, *die gebouwd is door een buitenaards ras om het antwoord te vinden op de ultieme vraag over* Het Leven, Het Universum, en Alles. *Na zevenenhalf miljoen jaren rekenen komt* Diepzinnige Gedachten *met het resultaat. Hoogwaardigheids-bekleders, priesters en wetenschappers komen tezamen om het antwoord te horen. En het antwoord luidt (tromgeroffel alstublieft)... 42!*

Tweeënveertig mag dan misschien het juiste antwoord zijn, maar zonder uit de eerste hand te weten hoe deze megacomputer daartoe is gekomen, heeft dit antwoord geen enkele betekenis. Hetzelfde geldt voor het antwoord op de vraag: wat is verlichting? Degenen die het 'weten' houden vol dat het niet te bevatten is voor het intellect en dat het tegelijkertijd de eenvoud zelve is. De één zegt dat er geen verlichting bestaat en dat er niemand is om verlicht te worden, terwijl de ander zegt dat verlichting altijd al volledig aanwezig is. Ofschoon ze elkaar schijnen tegen te spreken, wijzen ze allebei terug naar dezelfde ondefinieerbare essentie van waaruit gewezen wordt. Als dit niet duidelijk is zal wellicht geen enkel antwoord je bevredigen. Ieder antwoord wordt dan gezien als een uitnodiging om een nieuwe vraag te stellen.

Meestal stelt het intellect die vraag dan ook want het is er van overtuigd dat er op iedere vraag een begrijpelijk en 'correct' antwoord bestaat. Het zegt: 'Wees gewoon duide-lijk tegen me en vertel me vooral niet dat dit inzicht mij boven mijn pet gaat. Heb ik soms niet de piramiden gebouwd, de relativiteitstheorie geformuleerd, iemand op de maan gezet en het menselijke gen in kaart gebracht?'

Ja, ogenschijnlijk heeft het intellect inderdaad al deze en vele andere dingen gedaan, maar let alsjeblieft op het gebruik van het woord 'ogenschijnlijk' hier. Het is belangrijk, want zodra het duidelijk is wat verlichting wel of niet is, verschuift iemands visie betreffende de energie die werkzaam is in al het denken en doen, van het persoonlijke naar het onpersoonlijke.

Wanneer we in het huidige intellectuele klimaat spreken over het verstand, bedoelen we meestal het intellect. Dit is niet altijd zo geweest. In teksten uit de zen-traditie komen we regelmatig de term *Buddha-Mind* tegen, dat staat voor datgene wat we in dit boek Puur Bewustzijn noemen. Het woord 'verstand' wordt ook vaak gebruikt als tegenpool van het woord 'hart', waarbij het intellect gedefinieerd wordt als het tegenovergestelde van het emotionele centrum. Sinds kort verdelen we het intellect en de gevoelens tussen de linker- en rechterhersenhelften, waarbij eenvoudig gezegd de linkerhersenhelft de zetel van ons taalkundig vermogen en het verstand is en de rechterhelft dat van de intuïtie en emoties. De mensheid is in zijn benadering van het leven steeds meer gaan vertrouwen op de analytische linkerhersenhelft. De linkerhelft is op zijn hoede voor de 'wazige logica' van de rechterhersenhelft en bewaakt angstvallig zijn dominante positie, met alle goede bedoelingen, omdat het oprecht gelooft dat het de 'juiste man op de juiste plaats' is.

'Man' is hier het correcte woord, aangezien masculiniteit representatiever is voor de werkwijze van de linkerhersenhelft. Deze overheersing zien we terug in de maatschappij waar dikwijls vrouwen nog steeds niet als gelijkwaardig aan mannen worden beschouwd en waar in veel bedrijven en politieke ondernemingen de harmoniserende invloed van het hart ontbreekt. We hoeven alleen maar om ons heen te kijken om te zien hoe dwaas deze eenzijdige benadering van het leven eigenlijk is.

> *De intuïtieve geest is een godsgeschenk, en het rationele verstand is een trouwe dienaar. Wij hebben een maatschappij geschapen die de dienaar vereert en het geschenk is vergeten.*
> Albert Einstein

De linkerhersenhelft mag inderdaad beter geschikt zijn voor het verdelen en categoriseren van de wereld in dualistische termen, maar wat hier besproken wordt, wijst naar het non-dualisme en naar Puur Bewustzijn als totaliteit waarin en waaruit het verstand en diens activiteiten voortkomen.

Het rationele verstand blinkt uit in het maken van afspraken, boekhouden, feesten organiseren, bommen in elkaar zetten, gebouwen ontwerpen en in talloze andere taken; maar zodra het gaat om non-dualiteit en Puur Bewustzijn dat vrij is van concepten, dan is het intellect totaal machteloos. Het kan onmogelijk begrijpen wat 'vrij van concepten' betekent, want zolang er geen wezenlijk inzicht ontstaat, is dit ook gewoon weer een concept. Het is evenmin mogelijk om het non-dualistische perspectief te zien vanuit de dualistische positie van *iemand die begrijpt* aan de ene kant en *dat wat wordt begrepen* aan de andere kant.

Inzicht is echter wel mogelijk vanuit de eenheid die overblijft als de ogenschijnlijke scheiding tussen subject en object is opgelost. Dat er inzicht bestaat buiten deze traditionele dualistische relatie om is geen gangbaar idee, maar je kunt je er misschien iets bij voorstellen wanneer je het vergelijkt met de verhouding tussen een gedachte en de denker van deze gedachte. Deze scheiding is niet meer dan een grammaticale conventie, omdat er geen gedachte bestaat onafhankelijk van een denker. In werkelijkheid vormen de gedachte en de denker één enkel denkproces. Dat geldt ook voor degene die begrijpt en datgene wat begrepen wordt. Zodra degene die begrijpt en dat wat wordt begrepen met elkaar versmelten, blijft er niemand over die het moet snappen en is er slechts 'begrijpen'.

In relatie tot Puur Bewustzijn kan het intellect op zijn hoogst herkennen wat zijn eigen *modus operandi* is. Dat wil zeggen, om het te bevatten moeten we erachter komen *waarom* we het niet kunnen bevatten. Als het intellect nu nog steeds zijn natuurlijke beperkingen niet kan zien, zou het tot een verkeerde conclusie kunnen komen, zoals bijvoorbeeld: nou, als ik het niet snap, dan is het vast erg gecompliceerd. Zonder twijfel kan het bijzonder gecompliceerd worden om het non-dualistische in het dualistische medium van de taal uit te drukken. In wezen is het helemaal niet zo moeilijk; net zoals het eenvoudig is om een kind te leren de kleur blauw te herkennen door deze aan te wijzen. Moet je het echter uitleggen aan een professor die vanaf zijn geboorte blind is geweest, dan is het praktisch onmogelijk.

Terwijl het hart – of de rechterhersenhelft – in staat is een dergelijke redenatie aan te voelen, heeft de discriminerende en categoriserende linker hersenhelft daar meer moeite mee. Het is niet het juiste gereedschap voor de volkomen totaliteit waar deze tekst naar verwijst. Het intellect is het verkeerde instrument als het gaat om het begrijpen van de non-

Schriftelijke Cursus:
'Hoe smaakt een appel?"

dualistische realiteit, net zoals een emmer het verkeerde gerei is om de zomerwind mee op te scheppen, of dat tralies ongeschikt zijn om de regen tegen te houden, of een verzegelde kist onmogelijk het zonlicht kan bevatten.

Het verstand *verschijnt* niet alleen <u>in</u> bewustzijn, het heeft de neiging om zijn eigen intellectuele activiteit te verwarren mét dat bewustzijn. In feite wordt bewustzijn niet geproduceerd door het denken, maar het denken is een product van bewustzijn, de stille, constante en collectieve achtergrond van alles wat bestaat, *inclusief* het verstand en zijn activiteit. Net zoals het scherm waarop een film wordt geprojecteerd, wordt deze achtergrond in het algemeen genegeerd ten gunste van de tijdelijke activiteit die zich ertegen afspeelt. Zoom uit en bewustzijn en de inhoud ervan versmelten tot een Zelf-lichtende eenheid, waarover niets gezegd of gekend kan worden, om de eenvoudige reden dat alles essentieel deel uitmaakt van deze eenheid.

Is niet de gedachte zelf een onderdeel van de totale werkelijkheid?

Maar als dat zo is, wat betekent het dan dat één deel van de werkelijkheid een ander deel 'kent' en in hoeverre is dit mogelijk?*

Hier wordt gezegd dat degene die observeert nooit een positie buiten de totaliteit kan innemen om die totaliteit te kunnen observeren en evalueren. Met andere woorden, er bestaat geen jij die, los van de totaliteit, op een intellectuele manier die totaliteit kan bevatten. Puur Bewustzijn, waarin en waaruit alles verschijnt, is je ware identiteit. Net zoals het licht niet op zichzelf kan schijnen, kun jij het niet bevatten, want het is *dat wat je bent.*

Misschien is dit duidelijk, of misschien denk je: prima, maar wat heb ik eraan dat ik het *ben* als ik het toch niet kan bevatten? Laten we in dat geval een andere benadering uitproberen en het idee van het al dan niet kunnen bevatten gewoon vergeten. In plaats daarvan zullen we deze 'ik' of 'mij' die het niet bevat eens aan een nader onderzoek onderwerpen.

---

* D. Bohm: *Wholeness and the Implicate Order*, p. ix

8
Het denkbeeldige 'ik'

De meeste mensen leven in de veronderstelling dat ze opzichzelfstaande individuen zijn, wat misschien wel de grootste belemmering is om te accepteren dat verlichting al een feit is. Als iemand het gevoel heeft dat hij zo'n eenling is, maar hij accepteert wel dat het ego een illusie is, zou hij zich wellicht van deze illusie willen ontdoen. Vaak gelooft hij dat er een langdurig proces van discipline, zuivering en oefening nodig is – wat zelfs een aantal levens zou kunnen duren – voordat hij in staat is om zich van zijn ego los te maken en verlicht te worden.

De bewering dat een afgescheiden individu puur denkbeeldig is lijkt misschien vergezocht, maar noch de huidige westerse wetenschap noch de oosterse mystieke tradities bevestigen het bestaan van een afzonderlijk zelf. Objectief gezien bestaat er geen bewijs voor het bestaan van die 'ik'. Vanuit onze subjectieve visie zijn de meesten onder ons er echter van overtuigd dat deze 'ik' wel degelijk bestaat. In de volgende drie hoofdstukken nemen we deze overtuiging onder de loep. We gaan deze schijnbare zekerheid vanuit verschillende hoeken belichten en onderzoeken hoe reëel dit idee eigenlijk is. Dit is geenszins bedoeld om je te motiveren je ego te elimineren, maar alleen om je erop te wijzen dat er helemaal geen onafhankelijk ego bestaat, net zomin als golven los van de oceaan bestaan.

We zijn gewend om onszelf te zien als een autonoom centrum van bewustzijn dat in een lichaam huist. We identificeren ons met een zelf dat we enerzijds als de oorsprong zien van ons handelen, denken en voelen en anderzijds als datgene wat het leven ondergaat. Dit ervaren van een afzonderlijke identiteit met zijn persoonlijke voorkeuren, bezittingen, meningen, relaties en verantwoordelijkheden is iets wat we bijna allemaal met elkaar gemeen hebben. We beschouwen deze unieke melange als onze persoonlijkheid. Terwijl we het idee hebben dat onze persoonlijkheid een dynamisch proces is dat door ervaringen wordt bijgesteld, zien we het ego als het constante zelf, dat wat intact blijft terwijl het leven de aard van de persoonlijkheid beïnvloedt en wijzigt, de onveranderlijke 'ik' die eerst een kind was en later een volwassene, of de 'ik' die eerst niet van tomaten hield en nu wel. De overtuiging dat we een eenling zijn met een unieke persoonlijkheid wordt weerspiegeld in onze sociale conditionering, onze waarden en de structuur van onze taal.

Onze sociale conditionering en opvoeding zijn erop gericht om ons tot verantwoordelijke individuen te maken, door te benadrukken en te bevestigen dat ieder van ons uniek is. We worden aangemoedigd om de eer op te strijken voor onze successen en om persoonlijk verantwoording te nemen voor onze daden en gedachten. Hoe verantwoordelijk we werkelijk, zijn is nog maar de vraag. Veel van onze gedachten en meningen zijn eerder het gevolg van omstandigheden dan van een persoonlijke keuze. Sommige van de meest elementaire waarden en overtuigingen in de christelijke wereldvisie zijn gebaseerd op het geloof in individuele verantwoording en Gods geschenk van de vrije wil. Iemand die in een andere context is geboren kan je met net zoveel zekerheid vertellen dat er geen individuele vrije wil bestaat, maar alleen Gods wil. Als we onze ideeën en meningen nauwkeurig doorlichten, komen we erachter dat ze voor het grootste gedeelte voortkomen uit onze programmering, die weer afhangt van de sociaal-culturele groep waarin we geboren zijn, evenals van de houding en positie van onze opvoeders binnen die groep. Terwijl we opgroeien, nemen we meestal aan dat waarden, normen en opvattingen die we overgenomen hebben, de 'onze' zijn. Een kind dat in Palestina is geboren weet al gauw dat Israël fout is, terwijl een Israëlisch kind precies het tegenovergestelde weet.

Ons taalgebruik demonstreert weer andere vooronderstellingen die als waarheid worden geaccepteerd. Als we nauwkeurig luisteren naar hoe woorden gewoonlijk worden gebruikt, komen onze onderliggende – en vaak ongetoetste – waarden naar boven. Op een gegeven moment wordt het erg moeilijk om te weten in hoeverre onze woordkeus uitdrukking geeft aan de manier waarop wij de wereld zien, of in hoeverre de taal zelf die wereld vormgeeft.

De taalrevolutie van de twintigste eeuw is de herkenning dat taal niet zomaar een middel is om ideeën betreffende de wereld te communiceren, maar eerder een medium waarmee de wereld überhaupt wordt gecreëerd. De werkelijkheid wordt niet alleen via de taal 'ervaren' of 'weerspiegeld', maar wordt in plaats daarvan feitelijk door de taal voortgebracht. *

* Een citaat van de antropoloog Misia Landau van de Universiteit van Boston in Roger Lewin's: **In the Age of Mankind**. New York Smithsonian Instituut, 1988, p. 180

Vanuit dit oogpunt gezien, bezitten woorden een magische kracht. Als kinderen bijvoorbeeld het volgende Engelse liedje zingen: *Sticks and stones may break my bones but names can never hurt me** is dat niet omdat ze vinden dat woorden geen macht bezitten. Het rijmpje is in feite bedoeld als een bezwering om een verbale aanval af te weren.

Door de wereld om ons heen in objecten te verdelen en deze te benoemen, lijken we bij machte om haar in zekere mate te manipuleren, met het gevolg dat we de fundamentele eenheid uit het oog verliezen.

Als we twee eilanden zien, worden ze dan gescheiden door water, verbonden door water, of verbergt het water hun connectie? Bestaat er werkelijk een golf en een oceaan, een vuur en zijn vlammen, water en zijn natheid, of, nu we het er toch over hebben, een persoon en zijn omgeving?

Naast deze dualistische benamingen zit onze taal ook nog vol met uitdrukkingen die een afzonderlijke identiteit bevestigen en het idee van afgescheidenheid aanprijzen: *wees een kerel, zij is een echte persoonlijkheid, wij tegen de rest van de wereld en minder opvallend: de natuur veroveren, de werkelijkheid onder ogen zien, en het leven is wat je ervan maakt.* Als we dit letterlijk nemen, zoals de meesten van ons doen, zouden we kunnen concluderen dat we los van de natuur staan en dat de natuur – inclusief onze menselijke natuur – veroverd moet worden; dat we los van de werkelijkheid bestaan en haar onder ogen moeten zien en dat er een op zich zelf staand leven bestaat waar we iets van moeten zien te maken.

Zolang we doorhebben dat de woorden die we gebruiken symbolen zijn om onze wereld te beschrijven en niet

---

* "Stokken en stenen breken misschien mijn benen, maar schelden kan mij nooit doen wenen"

datgene zijn wat ze proberen te beschrijven, bestaat er geen verwarring. Vergeten we dit echter dan zien we de wereld als een enorme collectie van losse objecten; een chaotische legpuzzel die te groot en te complex voor ons is om ooit alle stukjes in elkaar te passen. Deze manier van denken houdt het idee in stand dat we gescheiden functioneren van onze omgeving en het moedigt ons bovendien aan om diezelfde omgeving te manipuleren en te exploiteren, in plaats van ermee samen te werken.

Doordat we een concept als 'onze omgeving' als een concrete werkelijkheid beleven, onderkennen we niet dat de omgeving en wijzelf in werkelijkheid één ononderbroken continuüm vormen. Iedere bioloog kan je vertellen dat een opzichzelfstaande organisme een illusie is. Het organisme maakt deel uit van en is onlosmakelijk verbonden met zijn omgeving. Een persoon kan dan ook onmogelijk onafhankelijk van zijn omgeving bestaan. Sterker nog, er is in feite geen persoon noch een omgeving waar hij deel van uitmaakt. *Persoon* en *omgeving* zijn twee etiketten die op één enkel gebeuren zijn geplakt waarmee de illusie wordt gewekt dat deze eenheid in tweeën is gesplitst. Vanuit deze illusie proberen wij vat op de wereld te krijgen, maar juist omdat het een eenheid is, kan er niet iemand buiten gaan staan om deze accuraat te beschrijven. Walt Whitman verwoordt dit als volgt:

Mijn tong, ieder atoom van mijn bloed, gevormd uit deze aarde, deze lucht, hier geboren uit ouders die hier geboren zijn uit ouders evenzo, en hun ouders eveneens... *

---

* Uit: *Song of Myself* van Walt Whitman (1819 – 1892)

Zelfs al zijn we het eens met hetgeen de biologen of de poëet Walt Whitman zeggen, dan nog beleven de meesten onder ons deze eenheid niet daadwerkelijk. We ervaren onszelf als autonome eenlingen, ieder met een afzonderlijk bestaan, los van de wereld daarbuiten. Dit gevoel van afgescheidenheid is één van de definities van het woord ego. We komen hier later uitvoerig op terug, maar op dit moment volstaat het om te zeggen dat de woorden *ego* en *individu,* zoals ze in deze tekst worden gebruikt, staan voor een denkbeeldig idee van afgescheidenheid. Deze fictie begint op het moment dat Puur Bewustzijn zichzelf ogenschijnlijk vergeet en zich vereenzelvigt met een schepsel dat in de dimensies van ruimte en tijd leeft.

De dynamiek van dit wezen verschijnt als gedachten, gevoelens, ervaringen en het menselijke lichaam met al zijn processen. Ze worden bestempeld als concrete bezittingen: mijn gedachten, mijn gevoelens, mijn ervaringen, mijn lichaam.

Helaas is de menselijke verschijningsvorm geen stevige basis voor het ego. Na verloop van tijd treden er gebreken op en uiteindelijk sterft het lichaam. Sterven wordt gezien als het einde van 'mij' (zoiets als een kapitein die met het zinkende schip ten onder gaat), of er is een geloof/hoop dat de 'ik-essentie' (ook wel 'de ziel' genoemd) zal overleven. Afhankelijk van wat men gelooft, gaat de ziel vervolgens verder zonder lichaam, of zij reïncarneert in een nieuw lichaam.

Alhoewel deze 'ik' zich misschien afgescheiden en eenzaam voelt, is hij duidelijk niet alleen. Overal proberen ontelbare andere 'ikken', al dan niet met succes, om hun individuele voorstelling op te voeren, waarin zijzelf centraal staan. Vanuit dit oogpunt gezien, is de wereld een verzameling van afzonderlijke, tijdelijke voorwerpen en kortlevende, sterfelijke wezens; onbelangrijke verschijningen, verloren in de onmetelijke uitgestrektheid van ruimte en tijd. Zelfs al roept onze collectieve sterfelijkheid in sommigen van ons mededogen op, de meesten van ons voelen zich vervreemd van elkaar, van onze omgeving en van het leven in het algemeen. Het gaat nu misschien goed met ons, maar vlak onder de oppervlakte knaagt het onbehaaglijke gevoel dat we niet werkelijk thuis zijn in dit immense en koude universum, waar het ieder moment vreselijk mis kan gaan. De tijd die ons rest vliegt voorbij. Ziekte, tragedie en ouderdomskwalen zijn een wezenlijk onderdeel van ons leven; en met een doodvonnis boven ons hoofd wordt het urgent om er het beste van te maken voordat onze tijd verstreken is. Zo'n kijk op het leven komt voort uit de overtuiging dat men slechts een tijdgebonden en sterfelijk individu is, een object tussen objecten, dat bestaat en functioneert in de sombere 'werkelijkheid' die ik hierboven heb geschetst. Dit gevoel van afgescheidenheid wordt als vanzelfsprekend aangenomen. Het schijnt een absolute en verifieerbare waarheid te zijn. Ik vraag je nu om het op juistheid te toetsen. Onderzoek deze veronderstelling, verdiep je erin, test haar uit en ontdek of er werkelijk enig tastbaar bewijs te vinden is van het bestaan van die 'ik'.

9
De innerlijke vijand

In menige spirituele stroming wordt beweerd dat het ego het grootste obstakel is om het uiteindelijke doel van ware kennis te bereiken. De zoeker leert dat het ego een illusie is en vaak gelooft hij dat het iets slechts is en dat hij er zich beter van kan ontdoen om de weg naar verlichting vrij te maken.

Dit idee van een 'slecht ego' wordt regelmatig in verband gebracht met onze zogenaamde dierlijke natuur die getemd dient te worden, of met de religieuze overtuiging dat de menselijke natuur zondig is en ingetoomd moet worden, wil men een plaatsje in de hemel verdienen. Om verschillende redenen is dit een heel merkwaardig idee.

Voordat we een zinvolle discussie over het ego kunnen aangaan, is het van belang om te zien dat dit woord niet voor iedereen dezelfde betekenis heeft. Het is Latijn voor 'ik' en in de psychoanalyse staat het voor de kern van de persoonlijkheid die met de werkelijkheid omgaat en die vervolgens weer door die werkelijkheid wordt beïnvloed. In de filosofie staat het ego voor het bewuste zelf. Er bestaan veel variaties op deze definities, waarvan sommige elkaar overlappen en sommige niet met elkaar zijn te verenigen. Het ego wordt gezien als:

- Iemands identiteit;
- Iemands bewustzijn van zijn identiteit;
- Zelfingenomenheid of een superioriteitsgevoel tegenover anderen;
- Iemands persoonlijkheid of karakter;
- Iemands zelfbeeld;
- De rode draad van herinneringen die ons een gevoel van een constante aanwezigheid geeft;
- De combinatie van de sociaal-culturele conditionering en erfelijkheid;
- Een autonoom centrum van bewustzijn en vrije wil in het lichaam;
- Een tijdelijke rol die door het ware Zelf gespeeld wordt;
- Een op vergissing berustend zelfbeeld, waarbij het universele *Ik Ben* vertaald wordt in een persoonlijk *Ik ben die en die.*

In deze tekst hebben we vooral te maken met het filosofische concept van de op een vergissing berustende identiteit, ofwel het denkbeeldige ego. 'Ik' en ego verwijzen naar hetzelfde. Dit betekent dat een 'ik' die probeert om van 'zijn ego' af te komen een paradox is, waardoor het hier dus om een onmogelijke taak gaat. Hieronder volgt een aantal voorbeelden die een paar tegenstrijdigheden illustreren die hun oorsprong vinden in het egoconcept.

- Als we op een hete dag op een geasfalteerde weg vanuit onze auto een luchtspiegeling van water zien, verwachten we niet door een echte plas te rijden; maar zelfs als de zoeker ervan overtuigd is dat het ego een illusie is, blijft hij het toch behandelen alsof het werkelijk bestaat. Op de een of andere manier zijn we dus blijkbaar wel in staat om het fictieve water te negeren, maar blijven we met ons ego vechten.

- De meeste zoekers geloven dat het ego een obstakel is om verlichting te bereiken en ze proberen er vanaf te komen; maar wie probeert van wie af te komen en wat hoopt men ermee te bereiken? Meestal komt het hier op neer: *ik* wil van *mijn* ego af, omdat *ik* geloof dat *ik* (wie?) dan bereiken kan wat *ik* wil. Uiteraard is het ego zich bewust van alle aanslagen op zijn leven. Het is als een veroordeelde man die de taak heeft gekregen om zijn eigen executie uit te voeren. Tijdens een gesprek dat aan Lao Tse en Confucius is toegeschreven zegt Lao Tse:

Je poging om het zelf te elimineren is een positieve manifestatie van egoïsme. Het is vergelijkbaar met iemand die op een trom slaat terwijl hij een voortvluchtige probeert op te sporen.

- De zoeker die van zijn ego af wil, jaagt een immer terugwijkende fata morgana na. Eerst splitst hij zichzelf in tweeën: in het ego en in degene die ervan af probeert te komen. Op het moment dat hij zich deze splitsing realiseert, neemt hij een derde positie in. Zodra hij deze derde 'ik' ziet, die zowel het ego als degene die ervan af probeert te komen onderkent, moet er een vierde 'ik' zijn die de derde 'ik' ziet en vervolgens een vijfde die de vierde ziet enzovoorts. Er ontstaat een eindeloze onderverdeling die me doet denken aan een limerick die Alan Watts gebruikte om dit punt te illustreren:

Er was eens een jongeman die zei:
Ofschoon het lijkt dat ik weet dat ik weet,
zou ik graag de ik willen zien die mij kent,
als ik weet dat ik weet dat ik weet.

- De hele onderneming om van het ego af te komen komt voort uit het verlangen om verlicht te worden, terwijl verlangen juist een van de grootste belemmeringen schijnt te zijn om verlicht te worden. Daardoor lijkt men geen andere keus te hebben dan te verlangen naar niet-verlangen, wat uiteraard een onmogelijke – en een door het ego geïnspireerde – taak is.

Aangezien het 'ontdoe-je-van-het-ego-concept' zichzelf totaal tegenspreekt, komt de zoeker uiteindelijk tot de conclusie dat de hele opgave om het ego los te laten gedoemd is te mislukken. Vrijheid lijkt door deze schijnbaar deprimerende uitkomst een onhaalbare kaart te worden, maar het is in wezen een teken van hoop, omdat het idee van een zichzelf bevrijdend 'ik' (of ego) ongeloofwaardig begint te worden.

Het gevecht met het paradoxale karakter van het ego zal op zichzelf niet tot inzicht leiden, maar kan wel de weg vrijmaken voor een spontane overgave door uitputting. In deze overgave wordt het probleem van het ego niet zozeer overwonnen, maar het lost zich als het ware vanzelf op. Zodra de illusie van het ego verdwijnt, is er niemand meer om verlicht te worden en wat overblijft is de bewustwording dat verlichting reeds is. Kortom, als je door hebt dat alles wat betrekking heeft op het ego gegoochel is van onverenigbare ideeën en zichzelf tegensprekende concepten, dan verdwijnt het als sneeuw voor de zon.

Door dit inzicht kan het begrip ontstaan dat het waar is wat er voorheen al gezegd werd: het ego is inderdaad slechts een illusie. In feite heeft nog nooit iemand maar het minste bewijs kunnen leveren van het bestaan van zo'n entiteit. Natuurlijk betekent het feit dat je iets niet kunt bewijzen niet automatisch dat het daarom niet bestaat. Je kunt de inhoud van een droom niet hardmaken, maar dat betekent niet dat jouw relaas ervan onwaar is. De inhoud van de droom mag dan niet bewijsbaar zijn, maar de wetenschap kan wel aantonen dat de activiteit van dromen plaatsvindt. Voor het wel of niet bestaan van het ego bestaat er echter niet zo'n objectief bewijs; er zijn alleen subjectieve bevestigingen beschikbaar. Deze persoonlijke 'bewijzen' worden al duizenden jaren bestudeerd. Degenen die zeggen dat het ego een illusie is geloofden eerst in het bestaan ervan, maar zeiden later dat de afwezigheid ervan realistischer is dan de aanwezigheid. Wat overblijft in de afwezigheid van het ego is het inzicht dat je wezenlijke natuur Puur Bewustzijn is en dat je gevoel van afgescheidenheid een goddelijke hypnose was die zorgde dat jij jezelf als een sterfelijke enkeling zag. Metaforisch gezien, zou de ervaring van een afzonderlijk zelf uitgelegd kunnen worden als een expressie van het rollenspel dat het ware Zelf speelt. In deze beeldspraak is het ego een begrensd karakter dat niet onafhankelijk kan bestaan. Het is het ware Zelf in een van zijn vele vermommingen, zoiets als de slechterik in de film die niet los kan bestaan van de acteur die hem speelt.

Zelfs al is deze redenatie op een intellectueel niveau overtuigend, dan nog kan de zoeker vast blijven zitten in het onmiskenbare gevoel dat het ego bestaat. Deze sensatie dat het ego werkelijkheid is, komt van het Zelf, dat een ware meester is in het weven van illusies. Het speelt zijn rollen zo overtuigend dat ze zelfs een gevoel van autonomie hebben. Stel dat je een verhaal aan het lezen bent. Op pagina vijfentwintig bedenkt de held wat hij zal doen. Hij lijkt zijn mogelijkheden af te wegen om tot een besluit te komen; maar wat hij ook 'kiest' het is door de auteur al op pagina dertig beschreven. Als de schrijver van het boek van het leven weet het Zelf op ingenieuze wijze de illusie van onafhankelijkheid en vrije wil in stand te houden. Het probeert zich ogenschijnlijk van het ego te ontdoen, door middel van bijvoorbeeld spirituele inspanningen en tegelijkertijd bekrachtigt hij daarmee de realiteit van het ego. Deze pogingen om het ego te onderwerpen, zet de fictie van afgescheidenheid in feite voort. In de woorden van Wei Wu Wei:

> *Vernietig 'het ego', jaag het op, sla het, verneder het, vertel het waar het uit moet stappen.*
> *Zonder twijfel erg amusant, maar waar is het? Moet je het niet eerst vinden?*
> *Bestaat er niet een spreekwoord dat zegt dat je de huid van de beer pas kunt verkopen als je hem geschoten hebt?*
> *… de grote moeilijkheid hier is dat het ego niet bestaat.* *

Het hele gevecht, het 'opjagen, het slaan en het vernederen', **IS** de illusie van het ego. Het ego zal net zo hard vechten om te overleven als de zoeker zal vechten om het te elimineren. Dit lijkt zichzelf tegen te spreken. Hoe kun je een illusie bestrijden en – nog vreemder – hoe kan een illusie terugvechten? Dat kan dus niet, maar in overeenstemming met het denk-

---

* Uit: *Posthumous Pieces* door Wei Wu Wei (© T.J. Gray, 1968 Hong Kong University Press, September 1968)

beeldige karakter van het ego lijkt het dit *ogenschijnlijk* wel te kunnen, net zoals een hond de illusie kan hebben dat zijn staart van hem wegvlucht als hij hem najaagt. We kunnen stellen dat de ego-illusie niet zozeer zit in het waarnemen *van,* maar in het identificeren *met* het ego. Het ego heeft hetzelfde realiteitsgehalte als een echo, die alleen bestaat als weerkaatsing van het geluid dat hij reflecteert. Het heeft net zoveel substantie als je schaduw. Wat je ook doet, je kunt het niet vastpakken, onder een deken vangen, of achterlaten.

"Hij is me vanaf school achterna gelopen.
Mag ik hem houden?"

We kunnen deze strijd met het ego vergelijken met iemand die probeert erachter te komen hoe zwaar hij is door zichzelf bij de enkels vast te pakken in een poging om zijn lichaam van de grond te tillen. Hoe harder hij trekt, hoe zwaarder hij *lijkt* te zijn. Deze enorme inspanning overtuigt hem ervan dat hij niet sterk genoeg is om dit gewicht te tillen. Hij zou kunnen beginnen met gewichtheffen om sterker te worden, of een dieet te volgen om lichter te worden.

Beide keuzes houden de illusie in stand dat er vorderingen worden gemaakt en versterken het geloof dat het probleem uiteindelijk overwonnen kan worden. Natuurlijk werkt het niet omdat de inspanning juist het probleem is. Het schijnbare probleem verdwijnt onmiddellijk zodra men de poging opgeeft om het op te lossen. Plotseling heeft de persoon zijn handen vrij voor andere dingen en kan nu gemakkelijk zijn eigen gewicht verplaatsen door eenvoudig te wandelen, te springen, of te dansen.

Zodra het gevecht met het ego (soms gemaskeerd als spirituele oefeningen) wordt opgegeven, kan het onpersoonlijke Zelf zijn ware natuur onthullen, de vitale essentie die alles wat bestaat met elkaar gemeen heeft. Deze vitale essentie speelt net zo lang verstoppertje, in en als de rol van de verschijningsvorm van de zoeker, totdat zij klaar is om 'vinden' te spelen.

Wanneer het helder is dat alles één is, dan kan het idee dat er een afgescheiden ego bestaat, alleen maar een activiteit van het ware Zelf zijn. Waarom doet het dit, zou je kunnen vragen? Het kortste antwoord is: 'Waarom niet?' En het langere: 'Omdat spel zijn wezenlijke natuur is'.

De hindoes noemen dit spel *leela*, de kosmische dans van het bestaan, of de activiteit waarin het Zelf vergeet dat het alleen is (Al-Eén). Het verliest zich in de droom van het bestaan, waardoor het de afschuwelijkste en meest glorieuze avonturen kan beleven, gewoon omwille van de ervaring. Vanuit dit gezichtspunt bestaat er geen onrecht in de wereld. Als er een moord wordt gepleegd, verschijnt het Zelf als de dader, als het slachtoffer, als de politieman die de moordenaar arresteert en als de rechter die hem gevangen laat zetten.

Vergelijk het met de manier waarop we onszelf vergeten wanneer we totaal opgaan in een film met liefdesscènes, bedrog, geweld en zelfopoffering. Misschien zijn we verontwaardigd, geschokt, diep geraakt en tot tranen toe bewogen, maar ergens weten we de hele tijd dat we veilig zijn en dat het alleen maar een film is.

Op het moment van overgave – het moment waarop het ego instort – wordt het leven gezien als het fabuleuze droomspel dat het is. Op dat moment is de zoektocht voorbij en de zinsbegoocheling van een afgescheiden zelf openbaart zich als een magische illusie, voortgebracht door het Universele Zelf. De persoonlijke identiteit voegt zich samen met de bron, net zoals een druppel water weer één wordt met de oceaan.

Als dat gebeurt, is er niemand over om deze woorden te lezen, ofschoon de woorden niet ongelezen zullen blijven. Zolang 'jij' nog steeds leest, kunnen we kijken naar dat onmiskenbare basisgevoel van 'ik ben', dat beslist niet verward dient te worden met de illusie van het ego.

10
Ik ben... of ben ik toch niet?

Heb je wel eens een wedstrijd van zandsculpturen op het strand meegemaakt? De deelnemers maken de meest fantastische replica's van antieke beelden of creëren hun eigen ontwerp, maar wat ze ook maken, het is en blijft zand. Zodra de beelden instorten, verdwijnen ze weer in het zand. Op dezelfde wijze is ook alles wat in Puur Bewustzijn verschijnt niets anders dan Puur Bewustzijn. Puur Bewustzijn is alles wat er is.

Uit deze volmaaktheid verschijnt de basisgedachte van alle gedachten: *IK BEN*. Door middel van een proces van identificatie ontstaat hieruit het ego dat zich kenbaar maakt als het concept 'ik ben die en die', en 'ik ben dus niet zus of zo'. Een schijnbare splitsing van datgene wat in essentie één is, ontvouwt zich en alle vormen en wezens worden zichtbaar.

> *Het ongenoemde vormt het begin van hemel en aarde.*
> *Het benoemde is de moeder van tienduizend dingen.**

Wat het woord *uni*-versum wil zeggen – en wat ook alle grote religieuze tradities verkondigen – is dat er niets (niet

---

* Uit: *Tao Te Ching*, Vertaling door Gia-Fu Feng en Jane English. Wildwood House Ltd. ISBN 0-7045-0007-8 iets) buiten God bestaat. Alles is Eén, derhalve is het een illusie om te geloven in een afzonderlijk, sterfelijk en tijdgebonden ego dat verschijnt in het *multi*-versum waarin de meesten van ons schijnen te leven. Wanneer we onszelf aan iemand voorstellen, beginnen we meestal met 'ik ben', met daarna onze naam of ons beroep. Als je daar verder op ingaat, blijkt het echter onmogelijk om die 'ik' te lokaliseren. Hoewel ik zeker een naam heb, ben ik die naam niet. Hetzelfde geldt voor lichamelijke gevoelens, gedachten en emoties. Ze kunnen onmogelijk zijn wie ik werkelijk ben, want ze hebben een tijdelijk en vluchtig karakter, terwijl het gevoel 'ik ben' constant is.

De 'ik' die zich afvraagt wie hij is, kan zichzelf net zomin tot het onderwerp van zijn onderzoek maken als één enkele spiegel zichzelf kan weerspiegelen.

Hier volgt een dialoog tussen Bodhidharma en Hui-k'o:

Hui-k'o: Mijn geest is onrustig. Meester, alstublieft, maakt u hem rustig.
Bodhidharma: Laat me je geest zien, dan zal ik hem tot rust brengen.
Hui-k'o: Ik heb hem gezocht maar ik kan hem niet vinden.
Bodhidharma: Ziedaar, ik heb je geest tot rust gebracht!

Lichamelijke gevoelens, emoties en gedachten komen gewoon op, zonder dat er enige aanwijzing bestaat van een 'ik' die dat besloten heeft. Mijn gedachten lijken meer onder mijn controle dan bijvoorbeeld mijn emoties; zoek ik echter de denker die verantwoordelijk is voor mijn gedachten, dan kan ik die niet vinden. Ik kan natuurlijk zeggen: 'Ja, *ik* heb besloten tot deze gedachte,' maar dat is gewoon een nieuwe gedachte. De 'ik' die zegt aansprakelijk te zijn voor die gedachte maakt zelf deel uit van die gedachte. Eerlijk gezegd zou ik niet weten wat mijn volgende gedachte is totdat hij opkomt en pas daarna wordt hij geïdentificeerd als 'mijn' gedachte. Roemi, een dertiende-eeuwse soefi-dichter en mysticus zei het met de volgende woorden:

Wees vrij van zorgen.
Denk aan wie de gedachten creëert!*

De *bezielende energie* die gedachten creëert, is de Ene oftewel Puur Bewustzijn. Vanuit deze invalshoek is het verstand of het brein de ontvanger van gedachten en niet de zender/producent ervan. Dit is te vergelijken met een televisie. Als je de tv uit elkaar haalt, vind je er heus de oorsprong van de geluiden en beelden niet in. Op dezelfde manier kunnen we ook de denker van gedachten niet lokaliseren in de menselijke verschijningsvorm.

De universele bezielende energie – de eenheid die zich manifesteert als de illusie van veelvoud – is de bron van alles, inclusief gedachten. Het is de basis van zowel de gedachte: ik ben, als van het absolute gevoel: Ik Ben. Het is zeker niet beperkt tot het 'ik ben' met de verschillende etiketten, zoals: ik ben een timmerman, een broer, een vader, een moeder, een vriend, een dochter, enzovoorts. Het gevoel van vereenzelviging met dergelijke tijdelijke en relatieve etiketten is het door het Zelf geproduceerde denkbeeldige ego.

---

* Uit: *The Essential Rumi*, verzameld en vertaald door Coleman Barks. Castle Books ISBN 0-7858-0871-X

Speel je partij in deze komedie, maar identificeer je niet met je rol!*

Ramana Maharshi adviseerde zoekers om zichzelf de volgende vraag te stellen: 'Wie ben ik?' Als je gevraagd wordt wie je bent, zou je misschien kunnen aarzelen over wat je moet antwoorden, maar als je gevraagd wordt of je bestaat, is er geen enkele twijfel. Het antwoord is een onmiskenbaar: 'Ja, natuurlijk besta ik.' Zodra het antwoord op de eerste vraag net zo duidelijk is als op de tweede, dan is er inzicht.

Dit inzicht laat zien dat beide vragen hetzelfde antwoord hebben. Dat wat zeker is van zijn bestaan – de innerlijke zekerheid van 'Ik Ben' – is wat je in wezen bent. Met andere woorden: *Ik ben het weten dat weet dat Ik Ben.* De hindoes zeggen: 'Tat Tvam Asi' (Jij bent Dat). In het Oude Testament zegt God: 'Ik Ben dat Ik Ben'. Dit onmiskenbare 'Ik Ben' is niet de ik in de persoonlijke betekenis van het woord, maar het Universele Zelf. Ramana Maharshi noemde de fundamentele eenheid tussen 'Ik Ben' en het universele Zelf: 'ik-Ik'.

Als ik met dit inzicht kijk, zie ik hoe gedachten in 'mijn' bewustzijn verschijnen als wolken aan een blauwe hemel die er dan zonder een spoor na te laten, weer in oplossen. Het is zelfs niet nodig om te zeggen dat er gedachten in *mijn* bewustzijn opkomen. *In bewustzijn* volstaat. Gedachten en alle andere fenomenen gebeuren eenvoudig vanzelf. Alles gebeurt zonder een 'ik' die het van achter de schermen regelt. Het ego is net zo onbelangrijk voor het denken en

* Uit: *Why Lazarus Laughed* door Wei Wu Wei 1960, Routlledge en Kegan Paul, Ltd. London (niet meer in de handel)

voor het algemeen functioneren van de verschijningsvorm als Atlas is voor het ondersteunen van de hemelen. Net zoals de oude Grieken zich dus op een gegeven moment realiseerden dat er in feite nooit een titan heeft bestaan met de naam Atlas, die de hemelen droeg, kun jij beseffen dat er nooit een ego heeft bestaan dat de absolute zekerheid van 'Ik Ben' ondersteunde.

Je hoeft deze woorden niet klakkeloos aan te nemen. Je kunt ze testen door je blik naar binnen te richten en te proberen daar een afzonderlijk zelf te vinden. Je zult hem niet ontdekken, deze 'geest in de fles', waarvan men zegt dat hij de denker van je gedachten is, de voeler van je gevoelens en de doener van je daden, behalve als een gedachte of grammaticale regel. Jij bent datgene wat zoekt naar dit 'ik' en zolang je blijft zoeken, zul je dit over het hoofd zien.

Dit inzicht is een copernicaanse revolutie die het ego uit het centrum van het universum verwijdert.* Het is echter niet bedoeld als een nieuw concept om je aan vast te houden. Ramana Maharshi vergeleek een onjuist concept met een doorn in je voet. Je kunt een andere doorn (concept) gebruiken om de eerste eruit te halen, maar daarna gooi je ze allebei weg. Als je de tweede blijft vasthouden, prik je je na verloop van tijd opnieuw. De doorn in *deze* woorden is dat ze suggereren dat er een 'jij' is die beide doornen zou moeten loslaten, terwijl er in werkelijkheid geen individu bestaat dat iets kan vasthouden. Het concept van het origi-

---

* *Nicolaus Copernicus* (1473 – 154-3) bracht naar voren dat de Zon, en niet de Aarde, het centrum was van het zonnestelsel, wat op een radicale wijze het hele wereldbeeld in de Middeleeuwen overhoop haalde. In feite veranderde er niets, de Aarde en de andere planeten raakten niet uit hun baan, maar het overheersende beeld verschoof, wat resulteerde in een veel simpelere elegantere kaart van het firmament.

nele *Ik Ben* (Puur Zijn, zonder de dualiteit van *iemand* die *iets* is) is gewoon een andere wegwijzer naar Puur Bewustzijn; en net zoals water niet nat hoeft te worden, heeft Puur Bewustzijn de gedachte 'Ik ben' niet nodig. Het *is* dat.

Ik ben het licht dat boven alles bestaat,
Ik ben het Al,
Het Al komt uit mij voort
En het Al is tot mij gekomen.
Splijt een stuk hout en Ik zal daar zijn;
Til een steen op en gij zult me daar vinden. *

---

* Uit: *The Gospel According to Thomas*, Harper & Row, NY

11
Wie is de toeschouwer?

Als een docent het woord 'ik' op het schoolbord schrijft en aan de leerlingen vraagt wat ze zien, antwoorden de meesten dat ze het woord 'ik' zien staan. Het komt zelden voor dat iemand zegt: 'Ik zie het schoolbord met het woord "ik" erop geschreven'. Zoals het relatief grote schoolbord genegeerd wordt ten gunste van twee letters, negeren we het bewustzijn dat de permanente achtergrond vormt van alle verschijnselen. We negeren het net zoals we het scherm vergeten waarop een film wordt geprojecteerd. Het filmdoek is het onveranderlijke kenmerk in alle films die we zien, maar het raakt nooit betrokken bij de inhoud van de film. De film vertoont misschien een oceaan, een lange kronkelige weg, een moord, of een bosbrand, maar het scherm wordt niet nat, het beweegt zich niet van hier naar daar, het bloedt niet en het staat ook niet in brand. Op dezelfde wijze blijft bewustzijn puur en onaangeroerd door zijn inhoud.

Bewustzijn is de constante in en achter iedere ervaring en tegelijkertijd is het ook datgene wat het gemakkelijkst aan onze aandacht ontsnapt. Aandacht is niet hetzelfde als bewustzijn. Onze hersenen zijn zodanig gevormd dat ze, als ze zich op iets concentreren, automatisch iets anders negeren. We zien de sterren en negeren de ruimte; we lezen deze tekst en veronachtzamen de pagina; we zien de film en vergeten het scherm. Toch is het duidelijk dat de genegeerde ruimte, de pagina en het scherm net zo cruciaal zijn voor onze waarnemingen als de sterren, de tekst en de film die onze aandacht in beslag nemen. Dit is een belangrijk punt, omdat de werking van onze aandacht vaak wordt verward met bewustzijn. Aandacht functioneert door contrast; iets wordt waargenomen door iets anders te negeren. Bewustzijn daarentegen is non-dualistisch en omvat zowel wat wordt opgemerkt als wat niet wordt gezien. Aandacht vergt inspanning, terwijl bewustzijn gewoon *is*. Dit bewustzijn bevat en accepteert alles wat opkomt, inclusief objecten die als 'daarbuiten' worden gezien – rotsen, auto's, levende wezens – en objecten 'vanbinnen', zoals emoties, gedachten en ervaringen. Vanuit dit standpunt is bewustzijn net zo aanwezig in de verschijningsvorm als de verschijningsvorm in bewustzijn. Vergelijk het met een vaas die ruimte bevat en tegelijkertijd door ruimte omgeven is. Als je de vaas breekt, heeft dat geen enkele invloed op de ruimte zelf.

Op dezelfde manier gebeurt er ook niets met bewustzijn als het lichaam sterft. Als je inziet dat jij dit bewustzijn bent, weet je dat je nooit bent geboren, nooit geleefd hebt en nooit zult sterven. Je *bent* het levend Bewustzijn zelf; de lucide openheid waarin en waaruit alles ontstaat, inclusief je verschijningsvorm en je gevoel van individualiteit. Waar jij je aandacht ook op richt, daar is het. Het is zich bewust van alles: van je in- en uitademen, van het plotselinge geluid, het licht en van een mus die aan de andere kant van de aardbol uit de lucht valt. Bewustzijn is puur en heeft geen vorm; het is aanwezigheid, zonder begin of einde en het vraagt geen enkele inspanning van je. Als je moeite doet, is bewustzijn zich daar zonder inspanning van bewust. Datgene wat opkomt is de inhoud ervan en heeft net zomin effect op bewustzijn als een spiegelbeeld op de spiegel. Evenals de spiegel doet bewustzijn geen enkele moeite om iets te accepteren of af te wijzen. Het oordeelt niet noch neemt het een standpunt in, omdat het alle mogelijke visies omvat. Het volgende gedicht dat wordt toegeschreven aan de taoïstische filosoof Chuang Tse verwoordt dit zo:

> *De wilde ganzen hebben niet de bedoeling zich te spiegelen;*
> *Het water heeft niet de bedoeling hun beeltenis te reflecteren.* *

Door de dualistische en lineaire aard van taal lijkt deze tekst dat wat in essentie één is, op te splitsen in Puur Bewustzijn en de inhoud ervan. In werkelijkheid bestaat deze dualiteit niet.

In deze dualistische benadering staat bewustzijn voor het permanente en de manifestaties in bewustzijn voor het niet-permanente. Maar in werkelijkheid vormen zij de twee kanten van eenzelfde munt. Zelfs dit is niet correct, want als je het over twee kanten hebt, gebruik je nog steeds twee labels voor één en hetzelfde ding. Met woorden: de hoogte van de berg *is* de diepte van de vallei.

Puur Bewustzijn heeft alleen zichzelf nodig om te zijn wat het is. In tegenstelling tot wat de logica voorschrijft, heeft bewustzijn niets buiten zichzelf nodig om zich bewust *van* te zijn. Een andere manier om dit te zeggen is dat bewustzijn zowel het subject *als* het object is. Bewustzijn is een Zelflichtende en zich Zelf in stand houdende eenheid, maar lijkt door de taal gesplitst te worden in bewustzijn en

* Uit: *The Way Of Zen* door Alan Watts. Vintage ISBN 0-375-70510-4

zijn inhoud. In de Bhagavad-Gita wordt een prachtig voor-beeld van deze twee-eenheid gegeven door het te vergelij-ken met een spin die vanuit zijn eigen lichaam een web spint, dan in deze creatie leeft en het vervolgens weer in zichzelf terugtrekt.

Het Zelf is producent, toeschouwer en acteur in de grote voorstelling van het zich ontvouwende kosmische drama, net zoals een dromer tegelijkertijd de droom produceert, ernaar kijkt en erin verschijnt. Jij, ik, het boek, de stoel en de terroristen op het nieuws zijn allemaal variaties op de manier waarop bewustzijn aan zichzelf verschijnt, net zoals de mensen, het huis, de zonsopgang en de monsters in een droom allemaal van dezelfde droommaterie zijn gemaakt.

Zelfschouwend bewustzijn wordt vaak beschreven als 'de getuige ofwel de toeschouwer van de grote theater-voorstelling'.

12
De getuige

Misschien ben je bekend met het begrip '*the witness*' ofwel de getuige. De getuige wordt herkend wanneer het brandpunt van je observatie verschuift van de tijdelijke inhoud van bewustzijn, naar Puur Bewustzijn zelf, van het concept van identificatie met een afzonderlijk ego naar de heldere openheid waarin gevoelens, gedachten en al het andere vanzelf verschijnen. In zekere zin observeert de getuige je gedachten en gevoelens van een afstand, ofschoon het onmogelijk is om deze in ruimte en tijd te plaatsen. De getuige is het middelpunt van – en overziet tegelijkertijd – alle verschijnselen. De herkenning van deze innerlijke getuige is in eerste instantie vaak vluchtig en lijkt dan weer verloren te gaan. Zo'n glimp geeft een beetje hetzelfde verrassende en onzekere gevoel dat je krijgt wanneer je er voor het eerst in slaagt op een fiets te rijden: hé, het lukt! En, zoals je vast wel eens hebt meegemaakt, verlies je door deze gedachte vaak weer je evenwicht.

De getuige kan zelf niet worden waargenomen, net zoals een oog zichzelf niet kan zien. De getuige is bewust van – en bestaat onafhankelijk van – alle gedachten, inclusief de gedachte dat er een individu is dat waarneemt. Daarom betekent de identificatie met de 'ik' in de gedachte: nu zie ik het! de wederopstanding van die denkbeeldige 'ik'. We zouden het een verschuiving in het zwaartepunt kunnen noemen, van de getuige terug naar het ego, of van het iden-tificeren met bewustzijn naar de identificatie met de inhoud ervan. Het is echter alleen een schijnbare verschuiving, die voortkomt uit de gedachte: nu zie *ik* het! We zijn zo ge-wend aan de grammaticale vorm van het gedachteproces – dat denken verdeelt in de denker en zijn gedachten – dat we vergeten dat de 'ik' (of het ego) zelf deel is van die gedachte-gang. De gedachte: nu zie ik het! bevat de 'ik' die kennelijk een afgescheiden 'het' *ziet*. Aangezien die 'ik' zelf deel uit-maakt van de gedachtegang, kan hij er nooit de getuige van zijn. Tegelijkertijd *ben* je – achter de illusie van het ego – de ondefinieerbare, ongrijpbare getuige, die het komen en gaan van alle gedachten ziet, inclusief de 'ik' in 'nu zie ik het!' Deze 'ik' of ego wordt vaak beschouwd als een bewuste en-titeit. In werkelijkheid is het ego niet bewust, maar de ge-tuige is zich bewust van het ego.

Hier moeten we opletten. Door er over te praten of na te denken, wordt de getuige zelf een onderdeel van de waarge-nomen gedachtegang en op deze manier maken we die weer tot een concept. Het is weliswaar een subtiel concept, maar het is en blijft een concept. Als het ten onrechte wordt op-gevat als dat wat het midden houdt tussen de concepten van Puur Bewustzijn en het ego, kan het een valstrik wor-den. Het kan dan verworden tot een excuus om ons te distantiëren van onze alledaagse gevoelens en ervaringen: o, ik ben niet in een slechte bui, ik ben er uitsluitend getuige van. Als we het concept van de getuige gebruiken om onze pijngevoelens te vermijden en ze te veranderen in 'goede' gevoelens, zijn we opnieuw geïdentificeerd met een 'ik' die de dingen anders wil dan ze zijn. Dit helpt ook weer het idee in stand te houden dat er ook daadwerkelijk zo'n onafhankelijke 'ik' bestaat.

Getuigezijn is niet iets waar we naar toe groeien. Het gaat niet om zelfverbetering of om het bereiken van een specifieke staat van bewustzijn. Het gaat over het herkennen van datgene wat al volledig aanwezig is; deze aanwezigheid observeert zowel de 'ik' als zijn verschillende situaties, terwijl zij tegelijkertijd zelf onberoerd blijft. Als we dit getuigezijn zien als een nieuwe manier om ons goed te voelen, zijn we terug bij af. In plaats van ons te vereenzelvigen met het conceptuele ego hebben we ons nu geïdentificeerd met de conceptuele getuige, nog steeds een opzichzelfstaande enkeling, nu alleen in een ander jasje. Vanuit dit comfortabel gecapitonneerde uitgangspunt is het makkelijk om wederom in dezelfde illusie verstrikt te raken. Zodra de getuige tot een voorwerp of begrip is geworden, maakt hij deel uit van datgene wat de getuige waarneemt.

De werkelijke getuige kan nooit worden ervaren, maar blijft altijd datgene wat zich bewust is van de ervaring. Dat wat ziet blijft zelf onzichtbaar. Maken we de getuige tot een object/concept dan wordt dit al snel het nieuwe ego. Zonder hem te conceptualiseren versmelt hij met Puur Bewustzijn, niet iets wat we kunnen bereiken, maar datgene wat we wezenlijk *zijn*, net als een pijl die in alle richtingen kan wijzen, maar nooit naar zichzelf.

Al deze woorden zouden ons bijna doen vergeten dat het wezen van Puur Bewustzijn geen abstractie is, en niet iets veraf, maar dat het de essentie is van *dit* zoals het is. We zijn er zo intiem mee dat je beter kunt zeggen dat we het *zijn*. Het is onze essentie. Het is open, glashelder en aanwezig en toch ontsnapt het aan iedere poging van het denken om het in concepten te vangen.

Misschien kunnen we deze paradox verduidelijken door hem te vergelijken met iets wat we allemaal kennen: ruimte. We zijn omringd door ruimte, toch kun je niet zeggen dat ze een locatie heeft. We zien haar overal, maar we kunnen niet beschrijven hoe ze er uit ziet. Ruimte heeft geen smaak, vorm, kleur, of substantie. Ze kan niet gesneden, beschadigd, of vastgepakt worden en toch kennen we haar van heel nabij als degene waarin alles verschijnt. Hetzelfde geldt voor bewustzijn. Jij, die dit ruimtelijke bewustzijn bent, bevindt je niet in de wereld, maar de wereld en alles wat bestaat bevindt zich in jou.

Shri Nisargadatta Maharaj formuleert het op een prachtige manier:

Jij ziet jezelf in de wereld, terwijl ik de wereld in mijzelf zie. In jouw ogen word je geboren en sterf je, terwijl voor mij de wereld verschijnt en verdwijnt. *

De 'ik' waaraan Maharaj refereert, is uiteraard niet het tijdelijke zelf dat Alan Watts 'het in huid verpakte ego' noemt. Het is het innige wonder van het onpersoonlijke Zelf dat leeft in, en zich manifesteert als alles wat er bestaat. Het is de Al Ene, de getuige die niet waargenomen kan worden en de kenner die niet gekend kan worden. In het voorwoord van de eerste uitgave van Krishna Menon's *Atma Darshan* las ik het volgende:

Levende wezens nemen waar dankzij het zonlicht. Dit maakt dat ze de zon de functie van het zichtbaar maken van voorwerpen toeschrijven. Op dezelfde wijze worden ob-

* Uit: *I Am That*. The Acorn Press ISBN 0-89386-022-0

jecten in bewustzijn waargenomen. Wanneer de functie van het zichtbaar maken wordt toegekend aan bewustzijn ontstaat de getuige. In feite is bewustzijn zelf lichtend. Licht – of dingen zichtbaar maken – is de wezenlijke natuur van bewustzijn en niet een functie of eigenschap daarvan. *

Jij bent niets anders dan dit ene bewustzijn! Zoals steeds in deze tekst, word je aangemoedigd om dit letterlijk op te vatten. Als er alleen de Ene is, is dat alles wat er is en kun jij alleen maar *dat* zijn, niet een partje (apart) ervan, maar HET! Laat je niet verblinden door de betoverende illusie van de weerspiegeling van de maan in duizenden meren. Het is nog altijd een en dezelfde maan. Laat je net zomin hypnotiseren door de illusie van veelvormigheid. Het is nog steeds één Zelf dat als een schijnbare veelvoud verschijnt: een Niets (of Niet-iets) dat getuige is van dit bestaan en het weerspiegelt, creëert, vernietigt, omvat, continueert en simpelweg *is.*

* Uit: *Atma-Darshan* Eerste uitgave 1946 door Sri Krishna Menon

13
Geen blaam, geen faam

Terwijl ik achter mijn computer zit en deze tekst schrijf, merk ik dat ik dorst heb. Tegelijkertijd komt de gedachte op: een kopje thee zou wel lekker zijn. Dit gebeurt allemaal spontaan, zonder dat ik eerst besluit om dorst te hebben en vervolgens besluit aan thee te denken.

Als jij je denken observeert, zul je zien dat gedachten vanzelf opkomen. Neem dit alsjeblieft niet zonder meer aan maar wijs het ook niet zomaar af. Als je het gedachte-proces oprecht onderzoekt en gadeslaat, wordt het je al snel duidelijk dat jij niet de denker bent. Wat dit hoofd-stuk probeert te laten zien, is dat jij ook niet de verrichter van je daden bent. Het kan zijn dat dit indruist tegen je diepste overtuigingen. Daarom vraag ik je of jij je oordeel, dat misschien automatisch opkomt voorlopig terzijde wilt schuiven en om onbevangen te kijken naar wat hier wordt gesuggereerd.

Alle besluiten en keuzes zijn gedachten. Als je vanuit een gedachte handelt, voelt het alsof jij een keuze maakt en wordt in het taalgebruik dan ook benoemd als een *keuze,* maar ze is in werkelijkheid slechts een uiting van de gedachte die op dat moment het meest overheerst. Ik heb mijn behoefte aan een kopje thee niet uitgekozen en evenmin koos ik voor het sterkere verlangen dat ik eerst de alinea wilde afmaken, maar het gebeurde gewoon.

Dat wil niet zeggen dat ik een instrument zonder vrije wil ben. Er bestaat in feite geen individu dat van zijn vrije wil beroofd kan worden. De ik-gedachte en de gedachten over thee en typen ontvouwen zich vrijelijk als de manifestatie van de bezielende energie van Puur Bewustzijn.

Vanuit dit oogpunt is er een gevoel dat het leven zich spontaan voltrekt en dat deze energie zich manifesteert als en door jou. De taoïsten noemen dit wu wei, wat vrij vertaald *niet-doen* betekent. Dit is geen pleidooi voor passiviteit. Het betekent dat alles – inclusief 'jouw' gedachten en handelingen – spontaan gebeurt. Lao Tse beschrijft het in de *Tao Te Ching* als volgt:

De tao laat, zonder iets te doen,
niets ongedaan. (37)

En:

Er wordt steeds minder gedaan,
totdat alleen niet-doen overblijft.
*Niets wordt gedaan en toch blijft er niets ongedaan. (48)**

In Boeddha's woorden:

Lijden is een realiteit, maar er is niemand die lijdt.
De handeling vindt plaats, maar er is niet iemand die hem
verricht.

---

* Uit: *Tao Te Ching* Vertaling door Gia-Fu Feng en Jane English Wildwood House Ltd. ISBN 0-7045-0007-8

Soms lijkt alles in het leven helemaal vanzelf te gaan. Op zulke momenten zijn we ons niet van onszelf bewust en gaan we geheel op in onze activiteiten. Schrijvers ervaren dit regelmatig. De woorden komen dan als het ware automatisch en ze hebben geen idee wat de volgende zin gaat worden totdat ze hem neerschrijven. Ook sommige atleten ervaren dit, wanneer alles plotseling vanzelf gaat en ze onverwacht boven hun normale capaciteit presteren. Er zijn momenten tijdens het vrijen waarin geliefden tot een eenheid versmelten waar geen individualiteit meer bestaat. Of wat denk je van een ternauwernood verijdeld ongeluk op de snelweg, waarvan jij je later afvraagt wie of wat nu eigenlijk de auto bestuurde. Ik weet zeker dat je, als je erover nadenkt, je dergelijke ervaringen herinnert waarbij je jezelf vergat en alles op magische wijze op zijn plek leek te vallen.

Dit soort 'vergeten' is heel wat anders dan de verjaardag van je vriend vergeten of niet meer weten waar jij je bril hebt gelaten, of de apathie tengevolge van het gebruik van te veel drank of kalmeringstabletten. Het is een 'vergeten' dat alert en levendig is. Dit verliezen van jezelf in de stroom van het leven is een voorproefje van wat 'doen zonder te doen' is.

Alle werken worden verricht door de goena's (of de energie en kracht) van de natuur, maar door de begoocheling van het ego veronderstellen mensen dat zij zelf de doener zijn. (3.27)*

Alhoewel *in de flow* zijn zeer aangenaam is, kan het idee dat we misschien niet in controle zijn een verontrustende gedachte zijn. Vooral voor de westerse geest die de vrije wil als

* Uit: *The Bhagavad Gita* Copyright van Dr. Ramanand Prasad

een inherente kwaliteit van zijn gekoesterde individualiteit beschouwt. De Christen ziet het zelfs als geschenk of test van God, om te zien of men sterk genoeg is om het 'goede' te doen. Voor de atheïst kan de mate waarin hij erin slaagt als een goed mens te leven een maatstaf zijn voor zijn ware karakter; voor de religieuze persoon staat er echter veel meer op het spel, want voor hem bepaalt het de kwaliteit van zijn leven in het hiernamaals.

Vanuit de overtuiging dat we een vrije wil hebben, kan het idee dat 'iets' ons leeft op weerstand stuiten. Het lijkt ons tot hulpeloze marionetten te reduceren, iets wat moeilijk valt te accepteren. Bovendien komt de angst op, dat als niets van wat we doen vanuit ons eigen handelen voortkomt, dit mensen een vrijbrief voor onwenselijk gedrag zal geven. Wat vergeten wordt in dit soort discussies is het feit dat *alle* activiteit ontspringt uit het ene Zelf, dat verschijnt als de veelheid van karakters die zo te zien onafhankelijk denken, handelen en kiezen. Om op deze basis ons ongewenste gedrag goed te praten, werkt niet, want de gevolgen ervan blijven bestaan. Je kunt protesteren door te zeggen dat de gedachte om je werkgever te bestelen simpelweg opkwam en jij daar dus niet verantwoordelijk voor bent, maar dan – als je gesnapt wordt – is ook je werkgever niet verantwoordelijk voor de gedachte die ervoor zorgt dat hij aangifte doet en je ontslaat.

Uiteindelijk is het ego een illusie en kan derhalve niet beroofd worden van een vrije wil, of het slachtoffer worden van een voorbestemd lot. Het ego is noch de doener noch de niet-doener; het bestaat niet onafhankelijk van het Zelf, evenmin als een karakter in een boek los bestaat van de schrijver die hem heeft bedacht. Hij en alle andere personages in het verhaal vloeien voort uit de verbeelding van de schrijver. Wanneer we ons realiseren dat we allemaal op vergelijkbare wijze uit/in Puur Bewustzijn verschijnen, is het onmiddellijk duidelijk dat er niemand bestaat van wie de vrije wil weggenomen kan worden. Zodra er niet meer vanuit een denkbeeldig ego wordt gehandeld, is er het bevrijdende besef van een goddelijke energie die zich spontaan manifesteert. Het is dan duidelijk dat er niemand overblijft om zich machteloos te voelen en dat het idee slechts een hulpeloos individu te zijn, niet meer dan een gedachte is.

Zoals St. Paul zei:

Ik leef en toch niet ik, maar Christus – het eeuwige Woord – leeft in mij. (Gal 2:20)

De paradox in de suggestie dat het ego moet worden losgelaten is dat men, als men niet degene is die doet, ook niets kan loslaten. Wat er gebeurt, kan beter omschreven worden als het wegvallen van ideeën en concepten. Dit gebeurt altijd spontaan, op het juiste moment, net zoals dit het juiste moment voor jou is om dit te lezen. Het 'loslaten' is in feite niets anders dan de onpersoonlijke herkenning dat het ego in wezen een illusie is. Ofschoon deze realisatie vanzelf (van Zelf) komt – het wordt vaak *grace* of genade genoemd – is het niet iets waar men op hoeft te wachten. Wachten is een andere manier om te proberen het te *be*-grijpen, wat alleen maar de illusie in stand houdt dat er werkelijk *iemand* is die *iets* moet begrijpen.

Het op intellectueel niveau accepteren dat we het niet moeten proberen te begrijpen, resulteert vaak in het proberen om het niet te proberen. Deze paradox wordt in de psychologie een *dubbele binding* genoemd, of in gewone taal: 'het is ook nooit goed of het deugt niet.'

Deze dubbele binding wordt direct duidelijk als je probeert om iets onplezierigs te vergeten. Je ziet hem ook veel in zogenaamde zelfverbeteringsprojecten en hij leidt soms tot bizarre gedachten zoals:

Ik zal mijn gewoonte om mezelf en anderen te willen corrigeren, corrigeren;
Ik zal intolerantie niet langer tolereren;
Ik zal echt een inspanning leveren om meer ontspannen te worden;
Ik kan nauwelijks wachten om wat geduldiger te worden;
Ik zal echt mijn best doen om wat spontaner te worden;
Ik zal serieus werken aan mijn gevoel voor humor en
Ik neem me voor om in de nabije toekomst te leren om meer te accepteren wat er op dit moment gebeurt.

Oké, dit is misschien een beetje overdreven, maar het laat zien hoe we verstrikt raken in paradoxen wanneer het ego de taak op zich neemt om zich beter aan te passen, meer te accepteren en zich te ontspannen. Zolang we geloven dat er een ego bestaat dat verbeterd of verwijderd moet worden en zolang we eraan werken om dat ego te corrigeren of te elimineren, wordt de illusie ervan in stand gehouden. Het is net zoiets als wanneer je jezelf in de spiegel bekijkt. Je kunt je gezicht niet laten verdwijnen door de spiegel schoon te maken. Als je ervan wegloopt, is de reflectie verdwenen, maar dat kun je niet zien. Je weet alleen maar dat, iedere keer als je kijkt, je gezicht er nog steeds is en je denkt misschien wel dat harder poetsen nodig is. Gedurende de dag 'vergeten' we vaak om te kijken en op zulke momenten hebben we geen enkel besef van een ego. We realiseren ons dit niet, omdat er dan geen 'ik' is om de afwezigheid ervan op te merken.

Het ego is slechts een gedachte, of beter gezegd een complex systeem van gedachten, herinneringen, emoties en conditionering. Deze mentale structuur kan zelfs fysieke reacties in lichaam en geest (de verschijningsvorm) veroorzaken, zoals bijvoorbeeld chronische spierspanningen en zenuwtrekjes, die het idee versterken dat het ego ook werkelijk bestaat. Omdat we het waarnemen en voelen, zouden we kunnen concluderen dat het er ook echt is. Het is prima om dat zo te zien, maar realiseer je dan wel dat de illusie van het ego niet zozeer zit in wat wij als het ego bestempelen, maar in onze identificatie ermee. Volgens deze redenering kunnen we ook beweren dat een fata morgana in de woestijn bestaat, of juist dat ze niet bestaat. Het maakt niet uit, zolang we het maar herkennen als wat het werkelijk is en niet verwachten dat we er water zullen vinden.

Jij bent niet beperkt tot dit ego, jij bent dat wat als het ego verschijnt en – tegelijkertijd – dat wat zich ervan bewust is. Het egoconcept zit ingebouwd in ons taalgebruik. 'Ik heb een ego,' of 'ik heb geen ego' zijn gewoon twee verschillende gedachten. Beide bevatten 'ik' en 'ego' en beide verschijnen en verdwijnen weer zonder een spoor achter te laten op de spiegel van Puur Bewustzijn.

Toen een student aan Shri Atmananda (Krishna Menon) vroeg: 'Wanneer begrijp ik het nou eindelijk eens?' antwoordde hij: 'Zodra het *wanneer* stopt.' Normaal gesproken vraagt het verstand dan: 'En wanneer is dat dan?' Het enige juiste antwoord is: 'Hier en nu!' Dit betekent letterlijk dat je niet hoeft te wachten op genade om je vrij te maken. Je bent al vrij. Als ik zeg dat je niet op deze vrijheid hoeft te wachten, is het niet om je opnieuw in een dubbele binding te plaatsen: de dubbele binding van proberen om niet proberen en van het wachten tot het wachten ophoudt. Het is slechts bedoeld om je eraan te herinneren dat de stille ruimte van Puur Bewustzijn altijd al aanwezig is. Het ziet en bevat het lezen van deze woorden en het spontaan opkomen van gedachten die vervolgens als 'jouw' gedachten worden bestempeld. Het bestaat in, en gaat vooraf aan, de activiteit van je zintuigen en is beschikbaar als alles wat zich nu presenteert. In de aanvaarding hiervan wordt je werkelijke wezen zichtbaar. Achter de sluier van onwetendheid *ben* jij de Ontwaakte, bewust van – en verschijnend in en als – dit wonderbaarlijke universum. Je bent tegelijkertijd bewustzijn en de totaliteit van de inhoud ervan.

Laat me opnieuw benadrukken dat ik – door de beperking van de taal – lijk te suggereren dat er enerzijds bewustzijn is en anderzijds de inhoud van bewustzijn. In werkelijkheid is er niets anders dan Eenheid, voorafgaand aan en inclusief de dualiteit van dualiteit en non-dualiteit. Er bestaat geen individu dat het al dan niet kan snappen, er is alleen *dit*. Er bestaat geen ego en er heeft nooit een ego bestaan dat gebukt moet gaan onder schuldgevoelens, of zichzelf moet koesteren in eigenwaan. Geen claim, geen schroom, geen blaam en geen faam; het verdwijnt allemaal zodra de stroom van gedachten, gevoelens, keuzes en handelingen herkend wordt als de spontane activiteit van het leven zelf.

Als je dit nog steeds niet kunt aanvaarden en je gelooft dat je een afgescheiden individu bent dat zijn leven onder controle heeft, doe dan dit kleine experiment: beeld je even in dat je uitzinnig van vreugde bent en voel het. Denk vervolgens aan het voor jou meest onsmakelijke eten en probeer om er de komende vijf minuten ontzettende trek in te hebben. Kijk wat je denkt over de doodstraf en verander je mening. En ten slotte vraag jezelf wat je volgende gedachte is en kijk of je die van tevoren weet. Terwijl je hiermee bezig bent, of misschien wel denkt dat dit allemaal onzin is, ontvouwt het goddelijke spel van het leven zich op magische wijze vanzelf.

Je zult ontdekken dat wanneer jij je claim op gedachten, gevoelens en handelingen laat varen, dit geen probleem geeft in het dagelijkse leven, maar dat je leven juist meer ontspannen wordt. Als degene die je dacht te zijn verder leeft als een denkbeeldig personage, als één van de vele vermommingen van de universele acteur, is er verder geen inspanning nodig om het ego in stand te houden. Het is niet nodig om met wrokgevoelens rond te lopen en het is zinloos om je zorgen te maken over een denkbeeldige toekomst.

Al met al, als je gelooft dat je niet meer bent dan je beperkte rol, zie je de illusie voor de werkelijkheid aan; zodra je echter doorhebt dat jij de ene acteur bent die alle rollen speelt, is er bevrijding.

In deze context is het interessant om op te merken dat het woord *persoon* afkomstig is van de maskers die in de oude Grieks-Romeinse theaters werden gebruikt. *Per-sona* betekent: dat waardoorheen (*per*) het geluid (*sona*) komt.

14
Mediteren of niet mediteren

Als het waar is dat alles vanzelf gebeurt, kunnen we ons af vragen of het zin heeft om ons met spirituele oefeningen in te laten. Als we toch niets kunnen bereiken via onze persoonlijke inspanningen, kunnen deze inspanningen waarschijnlijk ook niet naar vrijheid, verlichting of zelfrealisatie leiden.

Allereerst wil ik herhalen dat alle activiteit van het Zelf komt en als de persoon wil mediteren, tantra of yoga wil beoefenen, is dat zoals het is. Als zodanig is dat dan de manier waarop het Zelf zich op dat moment manifesteert. Net zoals het *nu* voor jou het geschikte moment is om deze woorden te lezen. Het effect dat dit mogelijkerwijs heeft, wordt niet door de lezer of de schrijver bepaald.

Alhoewel dit hoofdstuk voornamelijk over meditatie gaat, is datgene wat hier wordt gezegd van toepassing op spirituele disciplines in het algemeen. Als je een enthousiast beoefenaar van meditatie bent – speciaal als je er veel tijd en moeite in stopt in de hoop dat het tot verlichting zal leiden – kan het zijn dat je niet erg blij bent met wat je nu gaat lezen. Wellicht heb je een hoop tijd en geld besteed aan boeken en cursussen. Als je een schrijver van dat soort boeken bent, of een leraar die zulke cursussen geeft, ben je er misschien financieel zelfs afhankelijk van.

Als dit op de een of andere manier op jou van toepassing is, zal het een dosis moed en openheid vergen om te absorberen wat hier wordt gezegd. Het is niet bedoeld als kritiek of als een afwijzing, maar het is een uitnodiging tot directe zelfrealisatie, hier en nu. Denk eraan dat ik met zelfrealisatie niet bedoel dat je iets moet snappen of bereiken. Het wordt tenslotte niet voor niets zelf*realisatie* genoemd in plaats van bijvoorbeeld zelf*verbetering*, of zelf*bereiking*. Zelfrealisatie betekent dat je gewoon herkent wat je in wezen al bent.

Meditatie kan ontspannen, de hersengolven beïnvloeden en leiden tot alternatieve bewustzijnstoestanden. Als zodanig kan meditatie genezing bevorderen of bijzondere ervaringen opleveren, maar dat is wat anders dan zelfrealisatie waarbij het niet over een 'ik' gaat die ervaringen heeft. Het is de zelf-herkenning van de bewuste ruimte waarin zowel de illusie van het afgescheiden 'ik' als zijn ervaringen verschijnen. Meditatie – of welke andere spirituele discipline dan ook – kan nooit leiden naar datgene wat *is*. Dit doet me denken aan een verhaal over zenmeester Ma Tse (709 – 789).

> *Op een dag trof Ma Tse's meester zijn leerling aan terwijl hij aan het mediteren was en vroeg hem: 'Wat doe je hier?'*
> *Ma Tse antwoordde: 'Ik mediteer om de staat van een boeddha te bereiken.'*
> *De meester ging naast hem zitten, raapte een steen op en begon hem te polijsten.*
> *Ma Tse vroeg hem wat hij aan het doen was.*
> *De meester antwoordde: 'Ik maak een spiegel.'*
> *'Nee!' riep Ma Tse, 'dat kan niet op deze manier!'*

Waarop de meester antwoordde:
'Net zomin lukt het om een boeddha te worden door te mediteren.'

Als je mediteert, is mediteren wat er gebeurt. Daar is niets mis mee, zeker niet als je er plezier in hebt, net zoals je plezier kunt hebben wanneer je danst of naar muziek luistert.

Wie regelmatig mediteert, kan misschien zijn ware natuur ontdekt hebben, maar deze klaarheid kan net zo goed ontstaan bij hen die nooit in de formele zin hebben gemediteerd. Het gaat mis wanneer mensen door meditatie een mystieke ervaring hebben, deze verwarren met verlichting en vervolgens anderen leren mediteren om zodoende ook verlicht te worden. Verlichting is geen ervaring die iemand kan hebben en is evenmin het resultaat van geleidelijke ontwikkeling waardoor men steeds dichter bij het gewenste doel komt. Spirituele oefeningen gaan vaak gepaard met strakke discipline en houden de illusie van een individu dat verlichting kan bereiken overeind. Het is zinloos om te pogen via discipline en beperkingen *door* het individu tot bevrijding *van* het individu te komen. Hierdoor ontstaat de paradoxale situatie waarin er naar gestreefd wordt om vrij van streven te zijn met als motief om puur en vrij van motieven te worden.

Meditatie louter voor het plezier is een uiting van vreugde. Meditatie kan altijd en overal gebeuren en laat zich niet beperken tot het vaste meditatie-uurtje van de dag. Meditatie ontstaat niet uit een gevoel van noodzaak, maar is een constante openheid voor – en het vieren van – de alom aanwezige stille ruimte van Puur Bewustzijn. In werkelijkheid ben je dit bewustzijn al en je hoeft er dus niet aan te werken om dat te worden. Het enige dat je tegenhoudt om dit nu te zien, is je starre overtuiging dat je *daar* nog niet bent, dat je aan jezelf moet werken, jezelf moet reinigen, of disciplineren om het 'beloofde land van verlichting' te bereiken.

Dus ik volhardde in mijn oefeningen. Ik beoefende zazen. Ik trok me terug in de bergen. Ik disciplineerde mezelf zo streng als ik maar kon. Maar niets van dit alles hielp. Ik kwam geen stap dichter bij de realisatie van de Buddhamind. *

Als je gewoon STOPT, ontstaat de mogelijkheid dat je inziet dat je er al bent, of liever gezegd HIER bent. Dit accepteren houdt in dat je begrijpt waarom het zoeken en aan jezelf werken absoluut geen zin heeft. Je kunt een ware prof worden in spirituele discipline en je kunt verstrikt raken in het zoeken; en daardoor bevestigen dat *datgene wat is, zoals het is*, toch niet compleet is en jouw inspanningen nodig heeft om hersteld of verbeterd te worden.

Als je dit leest, vraag je je misschien af: 'Kunnen we dan helemaal niets doen, moeten we gewoon maar zitten wachten en hopen dat de dingen vanzelf duidelijk worden?' Het antwoord daarop is dat je met wachten op helderheid nog steeds veronderstelt dat er werkelijk een afgescheiden entiteit bestaat en dat het ontwaken tot bewustzijn ergens in een denkbeeldige toekomst ligt. Als er al iets te doen valt, is het om op dit moment de waarheid van wat *jij werkelijk bent* te onderzoeken; om te verifiëren dat bewustzijn volledig aanwezig is en om te (h)erkennen dat er geen speciale inspanning nodig is om ervoor te zorgen dat dit zo is.

* Uit: *The Unborn* The Life and Teachings of Zen Master Bankei (1622 – 1693) Vertaald in het Engels door Norman Waddell North Point Press ISBN 0-86547-595-4

Dit onderzoek zal aantonen dat het gebruik van meditatie om verlicht te worden net zo averechts werkt als vechten voor de vrede. Iedere inspanning bevestigt en versterkt de illusie dat er werkelijk een afgescheiden entiteit bestaat die nog niet is gearriveerd.

Het tijdloze begint uiteraard niet pas later, noch is het alom aanwezige onderweg om vervolgens op schema ergens in de toekomst aan te komen. Het is hier en nu aanwezig. Als ik zeg 'hier en nu' bedoel ik niet het vluchtige moment tussen het verleden en de toekomst, maar de eeuwige aanwezigheid die de illusionaire stroom van de tijd bevat. Nu op dit moment schrijf ik deze woorden en nu op dit moment lees jij deze woorden. Je kunt heel veel moeite doen om volledig hier en nu te zijn, maar al zou je het willen, zou je dan ergens anders kunnen zijn? Zelfs wanneer jij in je herinneringen opgaat, jezelf verliest in fantasieën, of vol verwachting bent over een toekomstige gebeurtenis, je bent en blijft hier en nu. Vraag jezelf hoeveel stappen je moet nemen om te arriveren waar je nu bent? Hoeveel tijd kost het om in dit moment aan te komen? Hoeveel inspanning vergt het om te zijn wat je al bent?

Voor de toegewijde zoeker lijkt dit misschien een te eenvoudige of zelfs een simplistische voorstelling van zaken. Hij werkt graag aan dingen en wil voelen dat hij vooruitgang boekt. Hij houdt van structurele en lineaire benaderingen. Meditatie lijkt misschien *het* recept om verlichting, inzicht, of vrede te bereiken. Misschien ziet de zoeker een traditionele vorm van meditatie met een lange esoterische traditie als een waardevol gereedschap waarmee hij zijn doel kan bereiken. Hij ziet uit naar de voldoening en de glorie van het vervullen van een persoonlijk streven. 'Kijk mama, zonder ego!'

Ik wil de zoeker opnieuw aan de paradox herinneren die hij schept wanneer hij totale vrijheid en realisatie nastreeft. Zijn meditatie, of welke andere spirituele discipline dan ook, verschijnt *in* de totaliteit en kan er dus niet toe leiden. Met name de intellectueel georiënteerde zoeker, die vertrouwt op het dualistische denken voor het oplossen van problemen, het uitwerken van methoden en het begrijpen van concepten, vindt de glibberige helling van non-dualiteit frustrerend terrein. Hij heeft kennis, maar op een gegeven moment ontdekt hij dat hij de kenner van concepten nooit kan kennen. Hij denkt na over dit 'probleem' maar terwijl hij dat doet, maakt hij van de kenner opnieuw een concept: iets wat gekend kan worden. De kenner is voor altijd onkenbaar. Door de dualistiese benadering waarbij het verstand tracht deze kenner in beeld te krijgen, draait de zoeker als het ware rondjes in een ijdele poging zijn eigen achterhoofd te zien.

De aard der verschijningen is non-dualisties,
Maar elk op zich, in zijn eigen staat,
bevindt zich voorbij de beperkingen van het verstand.
Er bestaat geen concept dat de aard van 'wat is' kan definiëren,
maar desondanks is alles zichtbaar:
het is goed zoals het is.
Alles is al gedaan,
En wanneer de ziekte van het streven is genezen,
Bevindt men zich in de van nature volmaakte staat:
*dit is contemplatie.**

* Uit: *Dzogchen*: The Self-Perfected State by Chogyal Namkhai Norbu. Snow Lion Pubns ISBN: 1559390573

Voor het intellect blijft werkelijke meditatie – wat niet een zoektocht is naar begrip, zijn, of stilte, maar het begrip, het zijn en de stilte zelf – altijd buiten bereik. De eenvoudige realisatie van *wat is* kan geen prestatie zijn, maar wordt onmiddellijk gezien zodra het 'ik' en het 'willen' uit de ik-wil-realisatie benadering worden geschrapt.

Een andere manier om dit te zien, is je pad terug te volgen. In plaats van de verlangde realisatie na te jagen, kun je kijken waar dit verlangen vandaan komt; neem dan nog een stap terug en observeer vanwaar het 'ik' verschijnt. Wat is de stilte vóór het 'ik'? Wat is dit niets, deze niet-ietsheid, deze totale aanwezigheid? Probeert het iets te verkrijgen of te bereiken? Moet het iets worden, of verschijnt al het worden erin en komt het er tevens uit voort?

Klassieke meditatie kan een mantra rond het brein weven om de voortdurende stroom van gedachten tot rust te brengen. In ware meditatie worden gedachten gezien als spontane verschijningen en niet als nadelige storingen die door een denkbeeldig ego, dat claimt er last van te hebben, onder controle moeten worden gebracht. Het ego is zelf deel van de gedachtegang die het wil domineren en bestaat niet onafhankelijk van gedachten. Het is duidelijk niet de taak van deze schim – ofwel het ego – om het verstand naar één centraal punt van concentratie te manoeuvreren. Alles verschijnt vanzelf en is welkom, inclusief mantra's, gedachten, emoties en de illusie van het ego. Geen van deze activiteiten kan de stille ruimte van Puur Bewustzijn beïnvloeden waarin ze hun bestaan hebben en waarin ze – zonder een spoor achter te laten – weer verdwijnen.

Mediteren is geen weg naar verlichting,
noch een methode om wat dan ook te bereiken.
Het is vrede.
Het is de verwezenlijking van wijsheid,
de ultieme waarheid van de eenheid in alles wat is. *

---

* Dogen (1200 – 1253 AD). Grondlegger van de Soto Zen-traditie

15
Acceptatie, onvoorwaardelijke liefde, duurzame vrede en dergelijke

Acceptatie, liefde en vrede zijn magische woorden en zullen de meeste reizigers op het spirituele pad wel bekend in de oren klinken. De betekenis ervan is, zoals bij veel woorden, nogal dubbelzinnig. Ze zijn uitnodigend en tegelijkertijd lijkt dat, waar ze naar verwijzen praktisch onbereikbaar.

Ik herinner me dat mij als kind werd verteld dat ik een vogel kon vangen door zout op zijn staart te leggen. Ik was te jong om te beseffen dat, als ik dit kon, ik de vogel al gevangen zou hebben. Dezelfde paradox is inherent aan de concepten waarover in dit hoofdstuk wordt gesproken. Zo kunnen wij bijvoorbeeld niet tot totale acceptatie komen door te proberen veranderingen aan te brengen in *dat wat is*. Het proberen impliceert immers dat we niet accepteren hoe het *nu* is. Als de poging tot accepteren wordt opgegeven, is er totale acceptatie en is de vogel reeds gevangen. Zoekers negeren deze paradox vaak. Ze blijven proberen om tot steeds grotere acceptatie te komen in de hoop dat dit zal leiden tot zelfrealisatie en dat men vervolgens onvoorwaardelijke liefde en vrede zal kennen.

Dit hele universum is een droom van het Zelf. Onze identiteit vormt één geheel met het diepe Zelf en wanneer we woorden als onvoorwaardelijke liefde, duurzame vrede en acceptatie gebruiken, proberen we vat te krijgen op het onbevattelijke.

Zoals hierboven gezegd, wordt er vaak verondersteld dat acceptatie naar zelfrealisatie, helderheid, of verlichting leidt, maar de 'ik' die probeert te accepteren, kan deze vogel nooit vangen. Totale acceptatie is iets wat al is, niet iets wat men in de toekomst kan bereiken. Acceptatie leidt niet naar helderheid, maar *is* de helderheid waarin herkend wordt dat hetgeen er nu is, onmogelijk iets anders kan zijn dan wat het is. Het lijkt op het intrappen van een open deur, maar het is nu eenmaal *altijd* zoals het is en niet anders. Dingen kunnen schijnbaar anders zijn dan ze eens *waren*, maar ze kunnen nooit anders zijn dan ze *zijn*. Het ego is niet in staat tot totale acceptatie maar wordt erin opgenomen. Alle inspanningen om tot grotere acceptatie te komen zijn slechts een poging van het ego om zichzelf voor te doen als een serieuze participant in het spel van het leven. Het pretendeert invloed te hebben op wat er gebeurt en dat het zich kan ontwikkelen naar steeds verfijndere niveaus van bewustzijn.

Het woord acceptatie verwijst slechts naar de ondefinieerbare werkelijkheid van Puur Bewustzijn. Acceptatie is geen activiteit, noch een inspanning. Puur Bewustzijn houdt zich niet actief bezig met acceptatie als het tegenovergestelde van afwijzing. Dat zou niet als *totale* acceptatie gelden want het zou afwijzing niet aanvaarden. Puur Bewustzijn *is* aanvaarding en accepteert alles zonder te oordelen; net zoals een spiegel alles reflecteert zonder enige weerstand te bieden. Dit is inclusief hoe jij op dit moment over jezelf denkt. Let op: dit geldt zowel voor je overgewicht, je kale plek, je agressie, je twijfels en je angst, als voor alle waardevolle en plezierige dingen in je leven. Of er nu weerstand, afwijzing, streven of spanning is, het maakt niet uit. Dit alles verschijnt in Puur Bewustzijn en is daarmee geaccepteerd.

> *Sinds ik het ene Zelf ben, voor eeuwig perfect en in alles aanwezig, wat zou ik accepteren en wat zou ik afwijzen, wat zou me vreugde en wat zou mij smart geven?*
> *Nimmer geraakt en voor altijd onthecht ken ik eeuwige vrede in mijn onmetelijke Zelf.**

Acceptatie, of de helderheid over wie of wat je bent, is niet het resultaat van je moeite of van je zoektocht, maar kan duidelijk worden als het proberen en zoeken wegvallen. Op dat moment wordt herkend dat totale acceptatie al is. Zelf-realisatie of zelf-herkenning – wat gewoon betekent dat je ziet wat je op dit moment bent – staat gelijk aan totale acceptatie. Kun 'jij' accepteren dat er niets valt te doen? Kun 'jij' accepteren dat je niet als een afgescheiden entiteit bestaat? Als je dat kunt, wie blijft er dan over om het accepteren te *doen*?

Het maakt geen verschil of de gedachte opkomt: dit is acceptabel of dit is onacceptabel. Puur Bewustzijn omvat – en accepteert daarmee – beide.

Het denkbeeldige ego, dat naar verlichting lijkt te zoeken, hoopt door acceptatie een hogere staat van bewustzijn te bereiken die vervolgens eeuwige vrede en onvoorwaardelijke liefde zal opleveren. Maar de beloning die het ego najaagt is niet een ervaring of een staat waarin men kan zijn. Integendeel, het betekent het einde van de illusie dat er een individu bestaat dat de ervaring kan hebben of in een be-

* Uit: *Self-Realization* Compiled and edited by Al Drucker. Atma Press ISBN: 0-9638449-1-1

paalde staat kan zijn. Daarom wordt het ook wel de 'staat-loze staat' genoemd.

Totale acceptatie, onvoorwaardelijke liefde en duurzame vrede zijn in feite drie andere wegwijzers naar Puur Bewust-zijn, dat geen voor en tegen kent, maar een puur zijn is zonder kenmerk of vorm. Hierin lossen zelfs de concepten op van de getuige en datgene waarvan hij getuige is, of van de spiegel en zijn inhoud.

We kunnen het duurzame vrede noemen, omdat niets het kan verstoren.

We kunnen het totale acceptatie noemen, want niets wordt erdoor afgewezen.

We kunnen het onvoorwaardelijke liefde noemen, want alles wordt erdoor omhelsd. Deze fantastische eenvoud, deze intieme helderheid is alles wat er is. Jij bent het die jezelf thuis verwelkomt. *Jij bent dit.*

16
En het lichaam?

Tot nu toe hebben we het nauwelijks over het lichaam gehad. Hoe zit het daar eigenlijk mee? Is het alleen maar een stuk vlees, is het onze tempel, speelgoed, gereedschap, of louter ballast? Afhankelijk van onze gezondheid, leeftijd en conditionering kan het elk van deze dingen zijn of een combinatie ervan. In dit en het volgende hoofdstuk zullen we het lichaam en wat ermee gebeurt als we sterven, nader bekijken.

We zien het lichaam als een solide realiteit maar bij nader onderzoek blijkt het tegendeel. Het bestaat uit botten en weefsel, opgebouwd uit cellen. Als we verder inzoomen verschijnen er atomen – de bouwstenen voor alles in dit universum – die voor het grootste gedeelte uit lege ruimte bestaan. Tussen deze atomen bevinden zich relatief enorme afstanden, vergelijkbaar met de afstanden tussen sterren en planeten. Wanneer we alle atomen uit je lichaam in de kleinst mogelijke ruimte zouden samenpersen, zou dit niet veel meer plaats innemen dan een speldenknopje. De atomen zelf bestaan weer uit sub-atomaire deeltjes die simpelweg oplossen in energie/ruimte waarmee we tot de essentie van de schijnbaar objectieve werkelijkheid van het lichaam zijn doorgedrongen.

Als zoeker heb je waarschijnlijk meer dan eens te horen gekregen dat je niet je lichaam bent, zoals bijvoorbeeld in het volgende citaat:

Ik ben niet het lichaam,
noch is het lichaam van mij.
Ik ben Bewustzijn. *

De grote religies lijken het erover eens te zijn dat het lichaam een tijdelijk voertuig is van een individuele onsterfelijke essentie of ziel. Veel mensen beweren dat ze dit geloven, maar als het erop aankomt, kan de hemel wachten en zijn begrafenissen over het algemeen meer trieste dan vreugdevolle aangelegenheden. Ofschoon men dus beweert te geloven dat men een onsterfelijke ziel in een sterfelijk lichaam is, vereenzelvigen de meesten van ons zich *met* het lichaam en ervaren zichzelf *als* het lichaam. We kunnen dit opmaken uit de manier waarop we over onszelf praten. Bijvoorbeeld: ik ben moe, ik ben sterk, ik ben ziek, ik ben geboren en ik zal sterven.

Het lichaam heeft de mogelijkheid om pijn en plezier te ervaren, wat ons naar veiligheid en voldoening doet zoeken. Door identificatie met het lichaam en ons besef van tijd nemen we aan dat we sterfelijke wezens zijn. We projecteren onze hoop en angst in de toekomst en jagen datgene na waarvan we denken dat we het nodig hebben. Misschien is het rust en zekerheid, aanzien en comfort, of liefde en erkenning. Hoe dan ook, ons streven heeft een lastige tweelingbroer die 'angst' heet. Met andere woorden, de hoop

---

* Uit: *The Ashtavakra Gita* (11-6) Vertaald door Thomas Byrom. Shambhala Publications. ISBN: 1570628971

op succes is vaak omgekeerd evenredig aan de vrees om te falen. Zelfs als we op de positieve toer zijn om iets van ons leven te maken, worden we met de negatieve betekenis van deze benadering geconfronteerd. Bijvoorbeeld, als we proberen om onszelf of onze levensomstandigheden te verbeteren, zeggen we eigenlijk dat we niet tevreden zijn met onze huidige situatie.

De dominerende cultuur op onze planeet stimuleert ons om continu te streven naar groei en verbetering, wat een aanhoudend gevoel geeft dat *dat* wat is, *zoals het is*, niet voldoet. Zo'n 'het-kan-altijd-beterhouding' staat lijnrecht tegenover de cyclische bewegingen die we in de natuur waarnemen. De eb en vloed van de oceanen, het wassen en afnemen van de maan, de vier jaargetijden en geboorte en dood zijn hier slechts enkele voorbeelden van.

Als we in de mythe van een 'continu stijgende lijn' geloven, doen we mogelijkerwijs veel moeite om onszelf te verbeteren en zetten we ons in voor een betere toekomst. Ondanks alle inspanningen zien we regelmatig dat het leven zich niet volgens onze plannen ontvouwt en dat het plezier, zelfs als we precies krijgen wat we willen, slechts van tijdelijke aard is. Iedere keer weer gaat de nieuwigheid van onze laatste aanwinsten af en gaan we wederom op zoek naar de volgende.

We hebben allemaal wel eens de uitdrukking gehoord 'wees voorzichtig met wat je wenst', wat wil zeggen dat een vervulde wens vaak onvermoede neveneffecten heeft. De meesten van ons zouden graag de loterij winnen, maar het is bekend dat veel winnaars er een hele serie nieuwe en onvoorziene problemen bij kregen. Zowel het krijgen van wat we willen als het niet krijgen ervan kan op een teleurstelling uitdraaien. Het ligt in de aard van verlangen dat het onvervuld blijft en derhalve zal zelfs een 'positief' verlangen zoals het verlangen naar vrede, ons afhouden van de vrede die we zoeken.

In het algemeen ontstaat lijden door een dualistische kijk op het leven; de denkbeeldige ik aan de ene kant en aan de andere kant de wereld van schijnbare objecten die verlangen en angst oproept. Meer specifiek gerelateerd aan onze identificatie met het lichaam, komt lijden voort uit het geloof dat we tijdelijke en sterfelijke individuen zijn; we zien ons lichaam ouder worden en vanuit onze geconditioneerde identificatie denken we dat wij verouderen.

Het bestaan van het lichaam is een proces dat onderhevig is aan tijd en onze wens om dat proces gaande te houden, is niets anders dan de omgekeerde angst voor het sterven. We hebben de neiging om het overleven van het lichaam gelijk te stellen met de overleving van onszelf en in het algemeen spenderen we veel energie aan het verlangen van het bestaan ervan. Velen van ons negeren vreemd genoeg onze gezondheid en algemeen welzijn in dit proces, waarbij het soms zover komt dat we onszelf letterlijk doodwerken. Zelfs al bezitten we nu veel meer dan vorig jaar, toch kan ons het gevoel bekruipen dat we nog steeds te kort komen. Natuurlijk dient de gewenste toekomst waarin we voor eens en voor altijd zekerheid zullen vinden zich nooit aan. Ernaar streven is te vergelijken met de ezel die probeert een wortel te pakken die zijn berijder voor zijn neus laat bungelen. De toekomst trekt zich net zo snel van ons terug als we hem benaderen. De ironie is dat de toekomst waar we zo hard naar toe werken ons steeds dichter bij de door ons gevreesde dood brengt, vaak zonder in te zien dat het enige waar het om draait de altijd aanwezige perfectie is van *dit zoals het is*. Als we heel even pauzeren, ontspannen en gewoon aanwezig zijn, ontstaat de herkenning dat het leven een tijdloze aanwezigheid is. Stoppen of pauzeren betekent niet dat we kluizenaars moeten worden, niets doen, of de hele dag in bed blijven liggen. Het is niet zozeer een stilstand, maar meer een 'bij de dingen stilstaan'. Het schept de ruimte waarin we de illusie van een tijdgebonden, sterfelijk individu kunnen doorzien. Als dat inzicht doorbreekt, zullen we niet langer handelen vanuit onzekerheid, spanning, of competitie; we kunnen dan ten volle leven en inzien dat dit unieke moment compleet, perfect en in zichzelf de echte beloning is.

De aanvaarding van de sterfelijkheid van het lichaam zonder het 'jouw' sterfelijkheid te noemen, is een bevrijdend inzicht. Als je ophoudt te geloven in de illusie dat je slechts een lichaam bent, lossen angsten over sterfelijkheid en kwetsbaarheid op, die anders het leven flink kunnen vergallen. Als jij je niet langer uitsluitend met het lichaam identificeert, kan deze spanning losgelaten worden en plaats maken voor een waardering van de natuurlijke loop van het leven. Dingen worden dan 'gedaan' omwille van de dingen zelf. Vanuit deze herkenning is het *doen* spelen en het *spelen* doen.

Als je ophoudt je met het lichaam te identificeren, betekent dat niet automatisch dat je ongevoelig wordt. Het doet nog steeds pijn als jij je teen stoot en er zijn nog altijd onplezierige gevolgen als jij je gezondheid verwaarloost. Het opgeven van deze identificatie betekent ook niet dat alle gevoelens worden geneutraliseerd tot een grijze onverschilligheid, maar staat juist toe dat ze spontaan verschijnen. Hierdoor kan het bestempelen van ervaringen, gedachten

en emoties als negatief of positief afnemen, evenals het vasthouden aan 'goede' gebeurtenissen en het wegrennen van
'slechte'. Dit 'toestaan' is synoniem met vrijheid. Het volle-
dige scala van emoties en gedachten kan nog steeds opkomen, maar verwijst niet langer naar een denkbeeldig 'ik' die
in het lichaam verblijft. Pijn kan opduiken maar er is geen
weerstand die de pijn verergert. Plezier kan er zijn maar het
zal niet verpest worden door pogingen om het vast te houden. Het lichaam wordt dan gezien als een van de tijdelijke
verschijningen van je ware en eeuwige Zelf. Dit is heel wat
anders dan je zodanig identificeren met het lichaam dat je
zaken zoals ouderdom, ziekte en sterven beschouwt alsof ze
met jou gebeuren.

*Het lichaam is beperkt
door zijn natuurlijke kenmerken.
Het komt, het blijft een tijdje hangen en het gaat.
Maar het Zelf komt noch gaat.
Dus waarom zou je treuren om het lichaam?**

Als we duidelijk zien dat alle verlangens en het daaruit voort-
vloeiende lijden ontstaan door het geloof dat er een afgescheiden individu bestaat dat geïdentificeerd is met de menselijke
verschijningsvorm, kunnen we ons oprecht openstellen voor
het idee dat we niet het lichaam zijn.

*Het lichaam is onecht,
evenals de angsten ervan.*

* Uit: *The Ashtavakra Gita* (15-9) Vertaald door Thomas Byrom. Shambhala
Publications. ISBN: 1570628971

Hemel en hel, vrijheid en gevangenschap,
ze zijn allemaal verzinsels.
Wat kunnen ze me aandoen?
Ik ben het bewustzijn zelf.*

De kunst is om dit idee niet weer in een nieuwe strategie te veranderen om aan ongewenste gemoedstoestanden en de angst voor de dood te ontkomen. Geloven of hopen dat men het lichaam niet is, wordt meestal vertaald in het geloof dat men een onsterfelijke ziel is die tijdelijk zit opgesloten in het lichaam, maar dat is niet waar deze tekst het over heeft. Die zegt dat je niet *uitsluitend* het lichaam bent, net zoals de oceaan niet uitsluitend één enkele golf is. Je hebt je in zo'n sterke mate met deze sterfelijke en tijdgebonden verschijning geïdentificeerd, dat je kennelijk het grotere geheel uit het oog bent verloren.

In het grotere geheel is de verschijningsvorm het oneindige dat een eindige ervaring heeft. Jij *bent* het oneindige en het lichaam verblijft op dezelfde manier in jou als een ster in de ruimte. Het besef dat je werkelijk de eeuwige ruimte bent, vrij van geboorte, bestaan en sterven, openbaart dat alle tijdelijke manifestaties – inclusief het lichaam, ervaringen, gedachten en gevoelens, het gras, de bomen, je buurman, de heilige, de terrorist, je collega en de politicus in het nieuws – *in*, of *tegen* deze achtergrond verschijnen. Laat ik het nog een keer zeggen: jij bent deze achtergrond, samen met datgene wat erop/erin verschijnt. Je bent de eenheid van het eeuwige en het tijdelijke; je bent de ene-zonder-tweede.

* Uit: *The Ashtavakra Gita* (2-20) Vertaald door Thomas Byrom. Shambhala Publications. ISBN: 1570628971

Hier word je uitgenodigd om dit gevoel van afgescheidenheid terug te laten keren tot het oceanische Zelf; om de illusie van een *exclusieve* identificatie met de tijdelijke verschijningsvorm te doorbreken. *Wees* eenvoudig aanwezig en herken jezelf in je ware glorie, vrij van de illusoire ketenen van geboorte en dood.

Omdat je denkt dat je het lichaam bent,
heb je lange tijd vastgezeten.
Weet dat je Puur Bewustzijn bent.
Verbreek met dit zwaard der kennis je ketenen
*en wees gelukkig!**

* Uit: *The Ashtavkra Gita* (1-14) Vertaald door Thomas Byrom. Shambhala Publications. ISBN: 1570628971

17

Het spookbeeld doorzien

De dood is niet het doven van het licht;
Het is de lamp uitdoen omdat de dageraad is aangebroken.[*]

De dood is ongetwijfeld een van de grootste mysteries van het leven. Het is een onderwerp van speculatie, angst en fascinatie; een gebeurtenis die voorbij de horizon van ons bevattingsvermogen ligt. Voordat we verder gaan, moeten we een belangrijk onderscheid aanbrengen: de angst voor het sterven is *niet* hetzelfde als de angst voor de dood. De angst voor het sterven vloeit voort uit onze overlevingsdrang, die een zeer praktisch kenmerk van het lichaam is en tevens getuigt van gezond verstand. De angst voor de dood daarentegen is een merkwaardige mengelmoes van fantasie en speculatie. Dieren kennen de angst voor sterven, maar zijn, voor zover we weten, onbekend met de conceptuele angst voor de dood.

Onze overlevingsdrang weerhoudt ons ervan om zonder parachute uit een vliegtuig te springen, of om een picknick op de treinrails te organiseren. De angst voor de dood is daarentegen vooral een abstract gegeven waarbij het ver-

* *Rabindranath Tagore* (1861 – 1941) Indiase/Bengaalse dichter, schrijver en leraar die de Nobel Prijs voor Literatuur won in 1913.

stand zich een toekomst voorstelt waarin het niet langer bestaat. Je zou kunnen zeggen dat het van tevoren rouwt om zijn eigen terzielegaan. Het jaagt zichzelf de stuipen op het lijf met beelden van een leven dat beëindigd wordt, gevolgd door een gapende afgrond van eeuwige duisternis en deinst vervolgens terug voor deze leegte alsof niet-bestaan een soort ervaring zou kunnen zijn.

Ironisch genoeg weerhoudt juist het vastklampen aan het leven ons ervan het leven ten volle te ervaren, zodat de angst voor de dood via een omweg een angst voor het leven wordt. Deze angst gaat vaak ten koste van de simpele genoegens van het leven. Als je bijvoorbeeld aan het fietsen bent, kunnen beschermende kleding en een helm misschien meer veiligheid bieden, maar ze dragen beslist niet bij tot een ontspannen tochtje in de natuur. Voor je gezondheid zorgen is prima, maar het kan omslaan in een beperkende obsessie; je brood verdienen kan verworden tot jachten en jagen, zodat het leidt tot spanningen, zenuwinstortingen of erger.

Doodsangst ligt ten grondslag aan verschillende religies die het vooruitzicht op reïncarnatie of een leven na de dood bieden; maar *bestaat* er eigenlijk iets voorbij dit leven? Als we deze vraag goed bekijken, zien we dat hij gebaseerd is op de vooronderstelling dat er in feite een individu bestaat dat is geboren en op een gegeven moment weer zal sterven.

Als je ervan uitgaat dat jij je lichaam bent, lijkt de dood een absolute zekerheid. Als je de overtuiging hebt dat je een ziel bent die in het lichaam huist, veronderstel je dat het lichaam sterft terwijl de essentiële 'jij' verder leeft. Het overleven van 'de ramp' lijkt in eerste instantie geweldig, maar het is riskant. Afhankelijk van wat je gelooft, bestaat er altijd de kans dat je de volgende keer een 'minder goed voertuig' krijgt toegewezen, of kom je misschien niet in aanmerking voor de hoofdprijs 'hemel' en beland je in plaats daarvan in de eeuwige vlammen. Dit alles is echter een kwestie van geloof, hoop en angst en is niet gebaseerd op feitelijke kennis. Zowel de hoop op een hiernamaals als de angst voor de dood komen voort uit de misvatting dat je een tijdgebonden en sterfelijk individu bent, waarvan de kaars wordt uitgeblazen zodra Magere Hein je komt halen. Het medicijn tegen al deze angst en speculatie is de herkenning dat je in werkelijkheid tijdloos, ongeboren en onsterfelijk bent. Jij bent datgene waarin geboorte, bestaan en dood verschijnen.

Sint Franciscus van Assisië en ook anderen hebben gezegd dat je door te sterven het eeuwige leven zult verwerven. Het sterven waar het hier over gaat, is de dood van de illusie van een afgescheiden individu. Door de 'ik' te verwijderen, is de dood van zijn prooi beroofd.

Voor de 'ik' is dit antwoord op de vraag of er een leven is na de dood onbevredigend. Er wordt namelijk gezegd dat er geen leven is na de dood van de illusie die jij denkt te zijn, maar dit antwoord benadrukt eveneens dat er geen dood bestaat voor dat wat je werkelijk bent.

De hedendaagse medische wetenschap stelt artsen in staat om mensen terug te halen van voorbij de grens die nog niet zo lang geleden als 'dood zijn' werd beschouwd. Veel van deze mensen hebben hun bijna-doodervaring (BDE) beschreven. Op grond van de hoeveelheid beschikbare informatie kunnen zulke ervaringen serieus worden genomen, maar over de betekenis ervan kan men speculeren. De interpretatie van zulke verslagen is uiteraard subjectief en wordt bovendien bemoeilijkt door het feit dat ze vaak gekleurd zijn door de culturele achtergrond van de persoon in kwestie. Sommigen beschouwen deze ervaringen als een bewijs van een leven na de dood, terwijl anderen proberen ze weg te redeneren.

Tijdens een BDE schijnt er vaak een drempel te worden waargenomen die door degene die hem ondergaat, wordt gezien als een punt waarvoorbij geen terugweg meer mogelijk is. Vanuit het standpunt van deze tekst betekent het passeren van die drempel eenvoudig de laatste stap, waarna de individualiteit van de persoon versmelt met het oceanische Zelf. Ik geef toe dat dit in tegenspraak lijkt met het uitgebreide onderzoek van Dokter Ian Stevenson. Zijn boeken over reïncarnatie worden veel gelezen en hij heeft heel wat gevallen onderzocht, waarvan er een aantal zeer overtuigend pleit voor deze mogelijkheid.

Maar zelfs als we de onderzochte voorbeelden van Dokter Stevenson als authentiek accepteren, wil dat niet noodzakelijkerwijs zeggen dat individuele zielen van lichaam naar lichaam verhuizen. Het is goed voorstelbaar dat het ene Zelf dat alle rollen speelt, zich zijn rol van Julius Caesar 'herinnert' terwijl het de rol van Robin Hood speelt. In dat geval is het niet Robin Hood die zich een vorig leven herinnert, maar de universele acteur zelf die zich een van zijn andere 'voorstellingen' herinnert terwijl hij als het personage Robin Hood ten tonele verschijnt. Dit kan gemakkelijker gebeuren als er in beide karakters een aantal gelijksoortige 'bouwstenen' voorkomen. Als zodanig is het niet Julius Caesar die re-incarneert, maar het ene Zelf dat voortdurend incarneert. Dat wil zeggen dat aan het einde van de voorstelling het doek valt voor Robin Hood, maar dat de acteur zelf onaangeroerd blijft.

Een andere manier om reïncarnatie te zien is dat dit, *zoals het is*, alles is wat er is; en dat deze fundamentele eenheid zich onder andere manifesteert als de illusoire afgescheiden individuen die zich schijnbare vorige levens herinneren. Onthoud wel dat dit nog steeds metaforische en lineaire beschrijvingen zijn van de essentieel non-lineaire werkelijkheid. Ze zijn in deze tekst opgenomen om te laten zien dat bewijs voor reïncarnatie op verschillende manieren kan worden uitgelegd.

Dit alles betekent niet: dood is dood en dat is dat. Het is belangrijk om te beseffen dat onsterfelijkheid niet een voortzetting is van het sterfelijke en dat oneindigheid niet een verlengstuk is van het eindige. Voorbij het sterfelijke en het eindige zul je ontdekken dat hetgeen je werkelijk bent aan de dood ontstijgt. Paradoxaal genoeg moet je bereid zijn om te sterven om dit te kunnen zien. Net als een konijn in een strik raken we door ons eigen verzet vaster in de strop. Voor zowel het konijn als voor ons is de enige uitweg de weg naar binnen.

In dit sterven verlossen we ons van het gevoel van afgescheidenheid, dat ons definieert als beperkte eenlingen. Het openbreken van deze cocon – het einde van ons beperkte idee van zelf – vrezen we het meest. Het betekent niets minder dan de totale eliminatie van het 'ik'. Voor het ego is het een schrale troost dat de deur naar het eeuwige leven wijd openstaat, gegeven het feit dat het binnengaan van 'Club Onsterfelijkheid' vereist dat men zijn individualiteit bij de ingang achterlaat.

Zoals altijd lopen we hier tegen de paradox op dat als het ego een illusie is, 'ik' het niet kan opgeven. Het concept van een 'ik' die zich van zijn ego ontdoet, is net zo plausibel als een val die gezet is om zichzelf te vangen. Het ego lijkt zich aan het leven en aan het idee dat het een individu is, vast te klampen, maar in feite *is* het ego probleem het vasthouden zelf. Het is net als leren zwemmen, waar de poging om houvast te vinden het probleem is dat tot zinken leidt. Zodra je jouw poging tot vasthouden loslaat, verdwijnt de spanning en plotseling lukt het je om je hoofd boven water te houden.

Een grap is altijd veel leuker als je hem snapt dan wanneer hij je moet worden uitgelegd. Op dezelfde wijze is dit wegpraten van het ego geen garantie voor een plotselinge capitulatie. Als het vastklampen echter langdurig en intensief is, bestaat er een goede kans op een plotseling en spontaan loslaten. Dit loslaten kan je in lachen doen uitbarsten. Het kan duidelijk maken hoe eenvoudig het is om te ontspannen, om de hypnose te laten varen en gewoon te zijn wie je bent. Woorden kunnen de indruk wekken dat het moeilijk is, maar het is noch moeilijk noch eenvoudig. Het is de heldere, stille ruimte die bestaat, voorafgaand aan – en voor altijd onaangetast door – dergelijke dualistische concepten. Als dit eenmaal is herkend, zul je zien dat geboorte, leven en dood niet *met* jou, maar *in* jou gebeuren.

Zolang als jij je kunt herinneren, ken jij je lichaam, het tijdelijke aspect van het Zelf, hetgeen je denkt te zijn. *Wees* de eenheid van het eeuwige en het tijdelijke en *her*-ken dit als je ware zijn. Dit is een uitnodiging om het spookbeeld te doorzien. Laat de illusie los en besef dat jij in werkelijkheid vrij bent van geboorte en dood.

Jij bent een en dezelfde
in vreugde en verdriet,

in hoop en wanhoop,
in leven en dood.
Je bent reeds vervuld.
Laat jezelf oplossen. *

* Uit: *The Ashtavakra Gita* (1-14) Vertaald door Thomas Byrom. Shambhala Publications. ISBN: 1570628971

18
Verblind door het licht

Er bestaat een verhaal over een ter dood veroordeelde soldaat. Op de dag van zijn terechtstelling wordt hij in een open kar naar de galg gebracht. Terwijl hij zijn omgeving in zich opneemt voor wat de laatste keer lijkt te zijn, ervaart hij plotseling een diepe stilte. De wereld verschijnt als een helder en transparant visioen van bovennatuurlijke schoonheid. Zijn doodsangst maakt plaats voor een intens gevoel van vrede en hij herkent het goddelijke in een mystieke ervaring van totale eenheid met het universum. Op het laatste moment verleent de koning hem echter gratie. Hij herwint zijn vrijheid en zijn leven maar verliest zijn droombeeld van het paradijs. De rest van zijn leven is een hopeloze zoektocht naar dat visioen. Hij raakt aan de drank en sterft jaren later als een eenzame alcoholist.

Voor mij kwam dit visioen toen ik eenentwintig was. Om verschillende redenen was ik ieder houvast kwijt en terwijl mijn laatste zekerheden door mijn vingers glipten, klaarde mijn overweldigende gevoel van wanhoop plotseling op. Het nummer *I've got a Feeling* van de Beatles-elpee *Let It Be* stond op en dat raakte me diep vanbinnen. Het was alsof een enorme ruimte zich opende. Als ik zou zeggen dat ik het hele universum omvatte, zou dat net zo waar zijn als wanneer ik zou zeggen dat ik volledig was verdwenen. De eeuwigheid, die ik als tijd zonder einde had begrepen, verscheen als de afwezigheid van tijd. Alles was doortrokken van leven, inclusief datgene wat ik tot dan toe als levenloos had beschouwd. Het hele bestaan deelde een gemeenschappelijke bron en de eerste dag van de schepping en de laatste dag van de vernietiging waren tegelijkertijd aanwezig. Het heelal was groot noch klein. Het liet zichzelf eenvoudig zien als het Ene dat alle kenmerken zoals omvang, plaats en tijd te boven gaat. Het werd duidelijk dat alles elkaar dient in een complex mozaïek van perfecte harmonie. Tegelijkertijd was er een absoluut perspectief waarin de schepping zichzelf liet zien als iets wat geen enkel doel heeft. Ik zag toen dat het gewoon *is zoals het is*: zijn eigen oorzaak en vervulling.

Wat eerder belangrijk leek, deed er niet langer toe. De mensen die ik vanuit mijn raam zag, leken allemaal in dit 'geheim' te delen terwijl ze pretendeerden niet te weten wie ze werkelijk waren. Ik herinner me de gedachte die opkwam toen de ervaring begon af te nemen: *hoe kan ik doorgaan met mijn dagelijks leven en doen alsof ik deze beperkte persoon ben? Hoe kan ik naar mijn werk gaan en de dagelijkse routine weer oppakken?* Maar ik bleek perfect in staat te zijn om mijn leven voort te zetten zoals het voorheen was. Wat wel veranderde, was dat er nu de nieuwe zekerheid was dat alles precies was zoals het moest zijn.

De overeenkomst in het verhaal van de soldaat en het mijne is een visioen van het eeuwige dat wordt weergegeven als een ervaring met een begin en een eind. Het wordt wel een mystieke, transcendente of piek ervaring genoemd, en dat is precies wat het is: een ervaring. De inhoud van dergelijke ervaringen varieert misschien van persoon tot persoon, afhankelijk van iemands sociaal-culturele achtergrond, maar in wezen lijken alle piekervaringen op elkaar. Tijdens dergelijke ervaringen is er de zekerheid dat de mens en God (of welke naam je ook aan het onnoembare wilt geven) een onverbrekelijke eenheid vormen en verliezen de dimensies van ruimte en tijd hun betekenis. Het is het soort ervaring dat mensen die verlichting zoeken, graag willen hebben; en net als ik hebben velen dit soort ervaringen met verlichting verward. Wat over het hoofd wordt gezien, is de stille achtergrond waarin zowel de ervaring als het 'ik' die zich de ervaring herinnert en interpreteert, verschijnen. Voor dit spiegelachtige bewustzijn is zo'n ervaring gewoon de zoveelste wolk die voorbijdrijft.

Jarenlang is deze ervaring voor mij zowel een bron van troost als van verwarring geweest. Wat me bij bleef was een duidelijke herinnering aan een visioen van universele eenheid, ook al werd die niet altijd als zodanig gevoeld. Mijn eerste interpretatie van die ervaring was, dat als alles één is iedereen en alles deel uitmaakt van deze eenheid. Tegelijkertijd bleef het benauwende gevoel bestaan dat ik een individu was dat verantwoordelijk was voor mijn doen en laten. Later besefte ik dat dit idee van 'een onderdeeltje zijn' een taalkundige valkuil was, want indien alles werkelijk één is, zijn er geen delen en is er geen ik en geen jij die er een deel van kunnen zijn. Ik zag dat wat zich als 'ik' manifesteert in deze verschijningsvorm dezelfde 'ik' is die *in* en *als* iedereen leeft. Misschien zou je kunnen zeggen dat we allemaal één en dezelfde persoon zijn, gekleed in verschillende kostuums..

Voordat ik tot een simpel en helder '*Dit* is het, ik ben *Dit* en dat is *Dat*' kwam, stimuleerde dit concept van 'een onderdeel van het geheel te zijn' dat ik aan mezelf werkte om een beter 'deel' te worden. In de Hsin Hsin Ming van Sengtsan, de derde zenpatriarch, wordt dit werken aan jezelf om het 'goede' over het 'kwade' te laten zegevieren, als volgt beschreven:

Als je de simpele waarheid wilt,
houd je dan niet bezig met goed en kwaad.
Het conflict tussen goed en kwaad
is de ziekte van het verstand. *

Ik bleef geïnteresseerd in spirituele zaken en in de parallellen tussen mystieke ervaringen en onderwerpen zoals de nieuwe fysica, de Gaia-theorie en de ideeën van een op handen zijnde evolutionaire sprong voor de mensheid.

Op een gegeven moment ontstond hernieuwde interesse in de non-dualistische teksten van advaita, taoïsme en zen. Het was een soort opleving en ik las opnieuw boeken zoals de *Tao Te Ching*, de *Ashtavakra Gita* en *De Weg van Zen*. Dezelfde oude woorden spraken me op een nieuwe en heldere manier toe. Enerzijds leken de ontbrekende stukjes van een puzzel op hun plaats te vallen en anderzijds was het duidelijk dat er nooit iets van zijn plaats geweest kon zijn.

Ik las ook mij onbekende boeken van Tony Parsons, Ramesh Balsekar, Nathan Gill en vele anderen. Ik ontmoette Wayne Liquorman tijdens een seminar met zijn leraar Ramesh Balsekar. Ik vertelde hem dat ik naar de bijeenkomst was gekomen om de aanwezigheid van mensen zoals hemzelf en Ramesh Balsekar te ervaren en dat er geen vragen waren omdat ik een compleet intellectueel begrip had van de materie die werd besproken. Hij ant-

---

* Uit: *The Way of Zen* van Alan Watts. Vintage ISBN 0-375-70510-4

woordde: 'Ja, maar je zegt nog steeds "**Ik** begrijp"'. Ik ging er niet op in omdat ik het zag als een woordenspel, maar het bleef wel hangen. Het bleef door mijn hoofd spelen totdat het kwartje viel, wat resulteerde in de helderheid dat er feitelijk geen *ik* is die *het* begrijpt. Er is alleen maar begrijpen. Op dit moment vervult de 'ik' de rol van 'mijn adres in dit leven' en is hij tevens handig in het taalgebruik, een gemak, waar ik mij zonder aarzelen van bedien. Er bestaat echter geen objectieve 'ik' die gelokaliseerd of vastgepind kan worden. Het is nu duidelijk dat mijn eerdere mystieke ervaring geen verlichting was. Het idee van een 'ik' die zo'n ervaring had, schiep de misleidende paradox van een 'ik' aan de ene kant, met een ervaring van non-dualiteit aan de andere kant. Inmiddels is het duidelijk dat wat we de mystieke ervaring noemen simpelweg een ervaring is; niet meer of minder dan het drinken van een glas wijn, vrijen, boodschappen doen of wandelen in de regen. Het gebeurt allemaal *als* mijzelf, niet *met* of *door* mijzelf. De stille achtergrond waarin de ervaring verschijnt en verdwijnt, was ontsnapt aan de aandacht van de 'ik' die dacht het begrepen te hebben.

Begrijp me goed, het betekent niet dat ik het eerst niet echt begreep en nu wel. Het is inmiddels duidelijk dat er geen 'ik' bestaat die het kan begrijpen. Het hele concept van iemand die verlicht zou kunnen worden, heeft zijn waarde verloren. Verlichting verschijnt alleen als een doel dat men kan bereiken zolang de illusie bestaat van een afgescheiden entiteit of ego. In zen wordt dit de *poortloze poort* genoemd. Als je ervoor staat, lijkt er een poort te zijn. Als je erdoorheen gaat en terugkijkt, is het duidelijk dat er nooit een poort is geweest noch iemand die erdoorheen is gegaan.

In de mystieke ervaringen die hier eerder beschreven zijn – hoe aantrekkelijk ze ook mogen klinken – waren zowel de veroordeelde soldaat als ikzelf uiteindelijk 'verblind door het licht'. Zulke ervaringen zijn niet noodzakelijk voor het verkrijgen van inzicht. Werkelijk begrip elimineert de kunstmatige grenzen tussen het mystieke en het wereldlijke, tussen het buitengewone en het gewone, tussen de ervaring en degene die ervaart. Het onthult de glorie, de eenvoud en de vrijheid – inclusief de bevrijding van het streven naar vrijheid – die deze schijnbare dualiteit te boven gaat.

Er is een vrijheid,
zelfs van de noodzaak om vrij te zijn,
zelfs van de noodzaak om te proberen spiritueel te zijn.
Die de dualiteit van waken of slapen,
van verlicht of onverlicht, te boven gaat.
Deze vrijheid is het ontspannen in de hoedanigheid van de dingen,
*precies zoals ze zijn.**

Dat waar deze tekst naar verwijst, gaat over absolute en niet over relatieve vrijheid. Het is inherent aan absolute vrijheid dat er geen bepaalde voorwaarden kunnen bestaan waaraan men moet voldoen voordat zij gerealiseerd kan worden. Er is geen bepaalde ervaring nodig die je vrijmaakt. Als je op zo'n gebeurtenis wacht, voed je de misvatting dat er werkelijk een 'jij' bestaat die bevrijd moet worden. Zelfs als zo'n transcendente ervaring zich voordoet, kan die een valkuil worden in plaats van een bevrijding. Degene die

* Uit: *How About Now?* Van Arjuna. SelfXPress ISBN 1-890909-63-7

124

zo'n ervaring heeft kan er door overweldigd worden en tot de conclusie komen dat dit een permanente toestand moet zijn.

Er is een boek van Suzanne Segal; *Collision with the Infinite* (Botsing met het Oneindige). Het vertelt het verhaal van een vrouw die plotseling overvallen wordt door het inzicht dat er geen ik bestaat. Ze was niet bezig met zaken zoals yoga, zen of advaita en dacht dat ze haar verstand aan het verliezen was. Psychologen en psychiaters konden haar niet helpen. Op een gegeven moment kwam ze in aanraking met het non-duale perspectief en vanaf dat moment ging het beter met haar. Zo goed zelfs dat ze andere mensen is gaan toespreken en begeleiden op hun spirituele zoektocht.

Tenslotte wordt ze ziek en overlijdt. In het nawoord schrijft haar vriend Stephan Bodian het volgende;

"Aan het eind van haar leven konden we slechts toezien hoe de realisatie als zand door haar vingers glipte. Dit frustreerde en verwarde haar".*

In Suzanne Segal's specifieke situatie was er sprake van een hersentumor die ongetwijfeld zijn invloed op de situatie heeft gehad. In het algemeen echter zal *de* ervaring – net als alle ervaringen – een tijdelijke blijken te zijn. Dit kan dan opgevat worden als een persoonlijk falen. Net als de veroordeelde soldaat kan men de ervaring gaan najagen waardoor men de essentie totaal mist, zoals een van de acteurs in het volgende verhaal:

---

* Uit: *Collision with the Infinite* by Suzanne Segal. Blue Dove Press ISBN 1-884997-27-9

Stel je voor dat je naar een film kijkt waarin twee mensen op je af komen lopen. De scène speelt zich af in een woestijn. De brandende zon staat aan de hemel en in de verte is een hoge bergketen zichtbaar.

Een van de mannen stopt en zegt tegen zijn metgezel: 'Realiseer jij je dat dit allemaal een illusie is? Dat we slechts variaties zijn binnen één enkel licht dat verschijnt als ons, de zon, de lucht en het hele landschap?' Zijn vriend kijkt hem onzeker aan terwijl hij vervolgt: 'De hele wereld die we hier zien is een plat scherm dat de indruk wekt alsof er rondom ons ruimte is.' Zijn vriend begin nu enigszins ongerust te worden en denkt dat zijn maat misschien een zonnesteek heeft opgelopen. Hij vraagt bezorgd: 'Voel jij je wel goed?'

'Uitstekend! Het is plotseling glashelder dat dit alles niets anders is dan een knap uitgewerkte illusie die op één enkele achtergrond verschijnt.' 'Echt waar?', zegt zijn vriend die nu lichtelijk geïrriteerd raakt. 'Laat me die achtergrond dan eens zien.'

'Kijk, hier is de achtergrond, die raakt ons aan, die draagt ons, zoals al het andere wat we zien.' Hij draait zich om en wijst naar het scherm. Zijn vriend volgt zijn vinger in de richting waarnaar hij wijst, maar ziet niets anders dan de bergen in de verte.

Als er mystieke ervaringen verschijnen op 'het scherm' van Puur Bewustzijn, dan is dat gewoon zo als het is; als ze niet verschijnen, maak je er dan geen zorgen over. Er zijn mensen die dergelijke ervaringen hebben gehad en nog steeds op zoek zijn. Er zijn ook mensen die zulke ervaringen nog nooit hebben gehad en duidelijk weten wat ze werkelijk zijn.

De menselijke ervaringswereld is een voortdurend verande-rende stroom, maar de open ruimte van Puur Bewustzijn waarin deze stroom verschijnt, is onveranderlijk. Deze aan-wezigheid is alles wat er is en drukt zich uit als de totaliteit van het bestaan, inclusief de manier waarop jij als een per-soon verschijnt. Deze totaliteit – dat *wat* verschijnt en dat *waarin* het verschijnt – is je ware identiteit. Er is absoluut niets wat je kunt doen of moet doen en je hoeft ook ner-gens op te wachten om te zijn wat je al bent.

Kom,
ga daar eens zitten.
Doe helemaal niets en ontspan je.
Want jouw scheiding van God
is het zwaarste werk van de wereld.[*]

[*] Hafiz in: *Love Poems From God*: Translated by Daniel Ladinsky . ISBN 0 14 21.9612 6

19
Concepten en beeldspraken

Laten we voordat we aan de laatste hoofdstukken beginnen nog eens terugkeren naar bepaalde concepten en beeldspraken die in dit boek worden gebruikt. Het biedt ons de gelegenheid om ze vanuit verschillende hoeken te bekijken, ofschoon ze allemaal consequent wijzen naar het ware Zelf en ze benadrukken dat jij *het* bent. Ter illustratie van deze concepten worden enkele gedichten, citaten en verhalen gebruikt. Als je mee wilt spelen, ben je van harte welkom, zo niet, sla dit hoofdstuk dan gewoon over.

Nogmaals, deze concepten zijn zelf niet de waarheid maar slechts een vingertopje dat probeert zichzelf aan te raken, wetend dat het onmogelijk is maar het toch blijft proberen.

Spelen

De Perzische dichter Omar Khayyam uit de elfde eeuw schreef:

*Binnen en buiten, boven, rondom en beneden,
't is slechts een magisch schimmenspel
gespeeld in een kijkdoos waarvan de kaars het zonlicht is,
waaromheen wij als schaduwen
verschijnen en verdwijnen.* *

In dit *Magische Schimmenspel* komen geen individuen voor. De enige die bestaat, is de universele marionettenspeler die alle personages speelt en tot leven brengt; de Ene die zich manifesteert als velen; God die verstoppertje speelt; de oorspronkelijke energie die dit hele bestaan tot leven brengt en doet alsof hij jou, mij en al het andere is.

> *Het lijkt alsof er andere dingen buiten God bestaan, maar alleen doordat hij ze verzint en ze tot zijn vermomming maakt om verstoppertje te spelen met zichzelf. Het universum van ogenschijnlijk afzonderlijke dingen is daarom alleen maar tijdelijk echt, niet voor eeuwig, want het komt en gaat terwijl het Zelf zichzelf verbergt en zoekt.* **

Als een marionettenspeler een poppenkastvertoning geeft waarbij een mannelijke en vrouwelijke pop – laten we ze Jan Klaassen en Katrijn noemen – ruzie hebben, zien de toeschouwers hen redetwisten terwijl de speler onzichtbaar is. In werkelijkheid zit er, behalve dat van de poppenkastspeler zelf, geen leven in deze marionetten. De poppenkastspeler speelt tegelijkertijd de man en de vrouw en houdt de twee kanten van de discussie tussen hen gaande. De poppenkastspeler is zelf niet boos, maar de poppen geven wel uiting aan boosheid. De onzichtbare speler is tegelijkertijd beiden en geen van beiden. We kunnen ons de volgende dialoog voorstellen:

Katrijn: 'Waarom maken we eigenlijk ruzie? De personen Jan Klaassen en Katrijn bestaan niet eens!'

* Uit: *The Rubaiyat of Omar Khayyam*
** Uit: *The Book On The Taboo Against Knowing Who You Are*. Van Alan Watts. Vintage ISBN 0-679-72300-5

Jan Klaassen: 'Waar heb je het over? Natuurlijk bestaan we. Ik zie jou toch?'

Katrijn: 'We lijken alleen maar als afzonderlijke personages te bestaan. In feite is er niets anders dan het Ene. En dit Ene beweegt zowel de denkbeeldige "jij" als de denkbeeldige "ik".'

Jan Klaassen: 'Dit is volstrekte nonsens, tenzij jij iets weet wat ik niet weet.'

Katrijn: 'Er bestaat geen "ik" die iets weet wat jij niet weet.'

Jan Klaassen: 'Aha, dus je geeft toe dat je in feite niet weet waar je het over hebt?'

Katrijn: 'Het is *dat* in mij wat de rol speelt van de Katrijn die het weet. Het is dezelfde energie die jou speelt en doet alsof jij het niet weet.'

Jan Klaassen: 'Dus je zegt dat ik maar doe alsof?'

Katrijn: 'Nee, Jan, *ik* zeg helemaal niets, maar wat hier wordt gezegd is dat noch jij noch ik bestaat. We zijn een illusie. *Iets* pretendeert zowel jij als ik te zijn.'

Jan Klaassen: 'Sorry Katrijn, maar ik kan je niet volgen. Je praat nu echt klinkklare onzin. Als we niet bestaan hoe kunnen we dan dit gesprek voeren? Ik geloof dat je me in verwarring probeert te brengen omdat je de discussie begon te verliezen. Waarom praten we niet over dingen die er *werkelijk* toe doen, zoals...'

Acteren

Met het bovenstaande wordt niet bedoeld dat we slechts marionetten zijn. Het zegt dat we *datgene* zijn wat *als* marionetten verschijnt. Om een andere beeldspraak te gebruiken; jij bent de acteur en niet zijn rol. Iemand die zijn beperkte rol of ego als de werkelijkheid ziet, is net als een gehypnotiseerde acteur die een schurk uitbeeldt en zo geabsorbeerd wordt door zijn spel, dat hij vergeten is wie hij werkelijk is. Zodra hij bevrijd wordt van de hypnotische illusie, ziet hij dat de schurk nooit heeft bestaan. Het zou onjuist zijn om te zeggen dat de schurk zich heeft gerealiseerd dat hij in feite de acteur is. Het is de acteur die ziet dat hij niet de schurk is en ook nooit is geweest. Niets weerhoudt hem ervan om zijn rol verder te spelen, maar hij identificeert zich niet langer met de schurk.

Als je een zoeker vertelt dat hij de Universele Acteur (of HET) is, kan hij tot de conclusie komen dat hij – meneer X – HET is. HET verschijnt *als* meneer X maar meneer X is niet HET; net zoals een golf voortgebracht wordt door de oceaan, maar de oceaan niet voortkomt uit de golf. Dit doet me denken aan een verhaal dat ik als kind heb gehoord.

Een filosoof (ik ben zijn naam vergeten) wandelde langs het strand en liep te peinzen over het mysterie van God toen hij een spelend jongetje zag. Het kind gebruikte een emmertje om water van de zee naar een kuil te brengen die hij had gegraven. De filosoof stond een tijdje naar hem te kijken en vroeg hem ten slotte wat hij aan het doen was. "Ik stop de zee in deze kuil", luidde het antwoord.
De filosoof lachte en zei: "Daar past de zee nooit in."
Het kind pauzeerde even en zei toen: "Het is waarschijnlijker dat ik de oceaan in deze kuil schep dan dat jij erin zult slagen het wonder van God te bevatten."

Om terug te keren naar onze beeldspraak, de acteur kent het personage van meneer X, maar meneer X zal nooit de acteur kennen. De acteur die verschijnt als meneer X is het eeuwige en blijft dezelfde, of hij nu Julius Caesar, Mahatma Gandhi, Jeanne D'Arc, of het meisje achter de balie van de snoepwinkel speelt. Meneer X is de tijdelijke rol en bestaat niet los van de acteur.

Dit zegt nogmaals dat jij – als meneer X – het nooit kunt bevatten, of verlicht kunt worden. Achter de illusie van meneer X is verlichting of zelfrealisatie al een feit.

> *Er was een Deur waarvan ik de Sleutel niet kon vinden*
> *Er was een Sluier waar ik niet doorheen kon kijken*
> *Kortstondig was er sprake van Gij en Mij, zo leek het althans en toen niets meer over Gij en Mij.**

Over het hebben van een ziel

Velen die de bezielende levensenergie voelen, noemen het *hun* energie, *hun* ziel of geest en geloven dat het hun *individuele* en *persoonlijke* essentie/energie is in plaats van de *universele* en *onpersoonlijke* energie. In werkelijkheid bestaat er niemand los van deze energie om hem te kunnen voelen. De energie is zich bewust van zichzelf en verschijnt als de personages die geloven dat zij afzonderlijke eenlingen met een ziel zijn. Als onderdeel van het spel hebben ze misschien een gevoel over de eeuwigheid en geloven ze in een hiernamaals of in reïncarnatie. In zekere zin hebben ze gelijk. Deze essentie is onsterfelijk en incarneert voortdurend in en als nieuwe vormen. Het Zelf kan zich in een huidige incarnatie, als deel van het spel, een 'vorig leven' herinneren en daarmee de illusie van individualiteit versterken. Bedenk wel dat deze vitale energie geen persoonlijke ziel is, maar

---

* Uit: *The Rubaiyat of Omar Khayyam*

het onpersoonlijke ondeelbare Zelf dat verschijnt als alles wat er is, inclusief het personage dat zich een vorig leven herinnert.

We kunnen het de 'ene substantie' noemen, de 'kosmische klei' die zich voortdurend manifesteert in ontelbare vormen zoals bergen, sterren, wolken inclusief personen met hun gedachten, gevoelens, emoties en geloof in vrije wil en individualiteit. Dit Zelf is de wezenlijke natuur van alles wat er is. De vorm die het aanneemt bestaat nooit los van deze substantie, maar de illusie kan zo overtuigend zijn dat we haar niet doorzien. Zoals een stel prachtig geboetseerde beelden je kunnen doen vergeten dat ze van klei zijn. De klei vormt de 'ene ziel' of gemeenschappelijke essentie in de beelden.

Zodra het duidelijk is dat jij deze Ene Substantie bent en niet slechts een van de tijdelijke vormen die ze aanneemt, valt het geloof in een persoonlijke 'ik' die een individuele ziel heeft, weg. *cf 3D-SCHILDERWEEN ZoALS VAN Leonardo Da Vinci (2ieter 3D uit)*

Uit en Aan

Een andere manier om naar deze essentie of vitale energie te kijken, is als een voortdurende afwisseling tussen het verschijnen en verdwijnen van het universum. Dit ritme van aan en uit, zowel van het gemanifesteerde als van het niet-gemanifesteerde verschijnt in en uit de Ene die geen tweede kent; de ultieme bron die niet tot een object of concept kan worden gemaakt. Als het niet-gemanifesteerde is het inactief of in ruste. Met de oerknal – of via een Genesis-scenario – wordt het spel in beweging gezet en manifesteert het universum zich.

Vanuit het menselijke perspectief beschouwd, speelt het kosmische drama zich af tussen de onderling afhankelijke tegenpolen van aanwezig en afwezig, hier en daar, op en neer, jij en ik, goed en slecht, geboorte en dood enzovoorts.

Onder de hemel kan iedereen schoonheid als schoonheid zien alleen maar omdat er lelijkheid bestaat.
Iedereen kan goed als goed zien omdat het kwaad bestaat.*

Of zoals de volgende woorden:

Vanuit dit perspectief is de hele schepping gevormd uit deze fantastische basis. Iedere berg, iedere ster, de kleinste salamander of teek, elke gedachte die in ons opkomt, elke baan die een geworpen bal beschrijft, is niets anders dan een uit elementaire ja's en nee's geweven web.**

Deze woorden lijken afkomstig uit een mystiek tekstboek, maar ze staan in een artikel over *computation* in 'Wired Magazine'. Alan Watts noemde het de Nul Eén verwondering terwijl Freud hetzelfde patroon herkende en interpreteerde als een verwijzing naar seksualiteit. Ik vraag me af of hij over het hoofd heeft gezien dat alle in-en-uits, op-en-neers inclusief seksuele in-en-uits, op-en-neers onderdeel zijn van het ene basisritme waarin de onderliggende eenheid zich uit.

Deze schijnbare dualiteit is van essentieel belang voor het spel van het bestaan, net zoals de zwarte en witte stukken essentieel zijn voor het schaakspel. Op het bord staan zwart en wit als vijanden tegenover elkaar, terwijl ze in wezen niet zonder elkaar kunnen en een en hetzelfde spel vormen.

---

* Uit: *Tao Te Ching* Vertaling door Gia-Fu Feng en Jane English. Wildwood House Ltd. ISBN 0-7045-0007-8
** Uit: *Wired Magazine December 2002* "God is the Machine" by Kevin Kelly

Net zoals elektriciteit een positieve en negatieve lading nodig heeft om allerlei soorten speelgoed, gereedschap en snufjes te laten draaien, activeert en speelt het ene Zelf alles wat er is, inclusief de ontelbare personages die totaal opgaan in hun schijnbaar individuele rollen. Van oudsher kiest de universele acteur ervoor het spel van ontwaken en zichzelf kennen met relatief weinig spelers te spelen. Dit schijnt nu te veranderen. Het lijkt erop dat de 'sluier van onwetendheid steeds doorzichtiger wordt; dat 'het ontwaken' uit zijn mystieke exclusiviteit wordt gehaald en dat steeds meer gewone mensen zoals jij en ik, herkennen wat ze werkelijk zijn.

De metafoor van elektriciteit

Door deze bezielende kracht te vergelijken met elektriciteit, en de verschijningsvormen te vergelijken met apparaten, ontstaat er een interessante analogie. Wat nu volgt, bevat ook een wegwijzer naar wat er gebeurt als het lichaam sterft.

Elektriciteit heeft altijd bestaan als potentiële energie, maar om zichzelf te manifesteren heeft zij een medium nodig, zoals bijvoorbeeld een onweersbui of een strijkijzer. Er zijn ontelbare elektrische apparaten die allerlei dingen doen, van het mixen van fruit tot het maken van telefonische verbindingen, van het navigeren van ruimtevaartuigen tot het vertonen van films, van het tot ontploffing brengen van explosieven tot het registreren van hartslagen op intensivecare-afdelingen. Hoe verschillend deze activiteiten ook zijn, al deze apparaten worden gevoed (of als je wilt: tot leven gebracht) door een en dezelfde energie. Als een fruitmixer kapot gaat, verandert er niets aan de elektriciteit zelf. Datgene wat het nu kapotte apparaat voedde, is zelf niet stuk. De onpersoonlijke energie die het menselijk mechanisme activeert, *genereert ook de gedachten* waardoor dit mechanisme zichzelf beschouwt als de verantwoordelijke bron van zijn handelingen. Met andere woorden, het *idee* van een 'ik' als een persoon met een vrije wil en verantwoordelijkheid is in feite een *activiteit* van deze onpersoonlijke, bezielende energie. Het is het ware Zelf dat via ontelbare verschijningsvormen het spel speelt van *ik ben die en die en ik doe dit en dat.* Het is de illusie van veelvormigheid, de grote dans van schepping en vernietiging die zichzelf manifesteert in een tijdloze aanwezigheid, in essentie een éénmansvoorstelling.

> *De eerste klei der aarde kneedde al de laatste mens,*
> *Toen al werd het zaad van de laatste oogst gezaaid,*
> *Ja, de dageraad van de schepping heeft geschreven*
> *Wat op de dag des oordeels is te lezen.* *

Kom, dans mee

Omdat dansen in wezen nergens naar onderweg is, wordt het vaak als beeldspraak gebruikt voor het leven zelf, of voor de manier waarop het leven geleefd wordt, zoals hier in een gedicht van Roemi:

> *Dans, als je bent opengereten.*
> *Dans, als je het verband hebt afgerukt.*
> *Dans, temidden van het gevecht.*
> *Dans, in je eigen bloed.*
> *Dans, als je totaal vrij bent.* **

---

* Uit: *The Rubaiyat of Omar Khayyam*
** Uit: *The Essential Rumi,* compiled and translated by Coleman Barks, Castle Books. ISBN 0-7858-0871-X

Het is natuurlijk triest als we alleen maar dansen om het einde van de dans te bereiken. In essentie is dansen bewegen om het plezier van bewegen en heeft het geen enkel doel buiten zichzelf. Het heeft geen andere reden van bestaan dan haar directe expressie in het moment zelf. Het goddelijke dat zich manifesteert als de dans van het leven wordt in India *leela* genoemd. Het toont zich als een grootschalig en dynamisch ritme via het spel van de schepping en vindt zijn expressie in zijn talloze verschijningsvormen: van de statig roterende sterrenstelsels diep in het heelal tot de snel bewegende deeltjes op sub-atomisch niveau, van de baan van de aarde rond de zon tot de vitale activiteit van de cellen in ons lichaam, van de stijgende vlucht van de adelaar tot het fladderen van de mot, onweerstaanbaar aangetrokken tot de vlam van de kaars.

Deze vibrerende, pulserende manifestatie van energie kent geen doel buiten zichzelf en juist in deze doelloosheid ligt zijn oneindige extase. Voor degene die deze muziek kan horen, is het een open uitnodiging om de altijd aanwezige stroom van het leven te onderkennen, er eenvoudig in mee te gaan en zich over te geven aan deze spontane manifestatie van vreugde. Zodra de uitnodiging is geaccepteerd, is het zo klaar als een klontje dat iedere stap die je zet om dichter bij je ware Zelf te komen er één te veel is. In deze fantastische dans leidt het leven en is iedere pas er één van en door het Zelf. Hier vervagen de grenzen tussen de dansers totdat alleen de dans overblijft. De tocht is z'n eigen doel en alles gebeurt vanzelf. Je reis is eeuwig aan zijn begin en tegelijkertijd arriveer je continu in de warme intimiteit van je ware thuis. De vrije mens die dit ritme aanvoelt, herkent het schijnbaar persoonlijke bestaan als een spontaan gebeuren, net als de sterren, de ruimte, de geluiden en de stilte.

... wáar verleden en toekomst samenkomen.
Geen beweging van of naar,
geen rijzen of dalen.
Zonder het punt, het stille punt,
zou er geen dans bestaan;
en dans is alles wat er is. *

Over stilte, leegte en het hart

Praten over stilte lijkt een paradox omdat het geluid van de woorden ogenschijnlijk de stilte verstoort. De meesten van ons hebben geleerd dat stilte het tegenovergestelde is van geluid. Indien we stilte echter op een andere manier bekijken, ontdekken we dat wat stilte is voor het oor overeenkomt met wat ruimte is voor het oog. Als we een object in de ruimte waarnemen, denken we niet dat de ruimte is aangetast. Zo is ook de stilte niet aangetast als er geluid in verschijnt. Stilte bevat geluid net zoals ruimte objecten bevat. Wanneer je dit herkent, ontdek je dat ieder geluid door stilte wordt omhuld.

Ruimte en stilte zijn allebei duidelijke wegwijzers naar – en verschijnen in – iets wat nog subtieler is: de stille ruimte van Puur Bewustzijn. Het oog van de cycloon, of het hart van de storm zijn stil, net zoals de holle ruimte in de as van een wiel. In dit licht gezien is leegte vol potentie; het is datgene waaromheen de storm wervelt en dat wat maakt dat het wiel om zijn as kan draaien. Of neem de holte van een fluit die de resonante ruimte schept waardoor de tonen kunnen klinken. Dit is ook weer een wegwijzer naar de creatieve leegte van Puur Bewustzijn, waarin en waaruit dit hele bestaan verschijnt.

---
* *T.S. Eliot* (1888 – 1965)

Plop, daar is het!
Niets anders dan dat, leeg van materie, vult het alle hoeken
van het universum!
Bergen, rivieren, de hele wereld, jij en alles,
zijn de belichaming van het Ene. *

Als we proberen om deze leegte te doorgronden, is er geen einde of grens aan te ontdekken. Leegte gaat alle omschrijvingen te boven, is overal om ons heen en tegelijkertijd is ze ons ware hart.

Wanneer we het over het hart hebben, bedoelen we vaak het centrum van emotie en intuïtie als tegenovergesteld (of complementair) aan het verstand. Het is belangrijk om te zien dat zowel het hart *als* het verstand uit dezelfde ene bron verschijnen. We kunnen hiernaar verwijzen als naar het hart der harten, de oorspronkelijke en werkelijke bron van zijn; een absoluut en stil niet-iets dat ontsnapt aan iedere poging van het verstand om het te bevatten.

Kijk zelf maar hoe absoluut onmogelijk het is om je een idee te vormen van dit niet-iets, omdat ieder idee erover weer *iets* is en daardoor geen *niet*-iets. Als het verstand probeert om zich deze vol-ledig-heid voor te stellen, komt het tot een abrupte stilstand. Dit niets mag voor het verstand een ondoordringbare muur zijn, maar voor het niet-denken is het een koestering, een thuiskomen in het hart der harten.

Terug naar de basis
Al het zoeken en alle spirituele inspanningen en iedere moeite om het te begrijpen, verhullen de pure en eenvoudige waarheid van *dit, zoals het is*. Welke gedachte ook ver-

---
* Boeddhistisch gedicht

schijnt, welk gevoel ook opkomt, of je het als goed of als slecht bestempelt, iets is zich stil en rustig bewust van alles wat er gebeurt. Het bestaat gewoon en zonder de geringste inspanning. Knip met je vingers. Hoorde je het geluid? Hoeveel moeite kostte dat? Geen enkele! Nu, op dit moment, vormt Puur Bewustzijn de stille achtergrond bij het lezen van deze woorden. Je hoeft er dan ook absoluut niets voor te doen. Het is altijd aanwezig en te dichtbij om erbij te komen, net zoals het oog te dichtbij is om zichzelf te kunnen zien.

De stille aanwezigheid van Puur Bewustzijn is niet hetzelfde als wat we aandacht noemen. Aandacht beweegt zich her en der. Ze verspringt van de woorden op de pagina naar de jeuk op je arm, van de herinnering aan het vrijen de vorige nacht naar gedachten over een rekening die betaald moet worden en weer terug naar de pagina en dat alles in luttele seconden. De flitsende beweging van je aandacht vindt plaats in Puur Bewustzijn. Aandacht beweegt, maar Puur Bewustzijn blijft onbeweeglijk. Waar en hoe dan ook – in diepe slaap, in je dromen en bij alles wat je doet als je wakker bent – Puur Bewustzijn is een constante aanwezigheid. Je lichaam, je auto en de hond zijn allemaal manifestaties in en van Puur Bewustzijn. In alle variaties blijft het Eén.

Er bestaat geen oordeel in Puur Bewustzijn. Het gaat niet om goed of slecht, correct of fout, vredig of verstoord zijn. Het laat alles verschijnen en ziet alles verdwijnen. Als aan het einde der tijden het universum in het niets verdwijnt, is Puur Bewustzijn nog steeds aanwezig.

Loslaten en ontspannen in (of *als*) Puur Bewustzijn is de natuurlijkste zaak van de wereld. Geen enkele inspanning of zoekpoging is nodig; maar als je graag moeite wilt doen of nog een beetje wilt doorzoeken, is dat prima. Of jij je nu uitput, inspant of ontspant, Puur Bewustzijn reflecteert het allemaal zonder enige moeite of oordeel.

Stilzittend
niets doend
komt de lente
*en groeit het gras vanzelf.**

Grenzen van de taal

Als we over het onderwerp van non-dualiteit lezen, kunnen we diametrisch tegenovergestelde uitspraken, concepten en beeldspraken vinden in verschillende boeken, of zelfs in een en hetzelfde boek.

Bijvoorbeeld:

- Jij bent DIT – Je bestaat niet;
- Het ultieme inzicht – Er valt niets te begrijpen
- Verlichting – Verlichting bestaat niet;
- Alles is DIT – Alles is slechts een illusie;
- Alleen het Zelf bestaat (advaita) – Er bestaat geen Zelf (boeddhisme).

Dit laat zien dat het in principe onmogelijk is om iets te zeggen over zelfrealisatie zonder in schijnbare tegenstellingen te belanden. Wat we er ook over zeggen, alles is even waar en onwaar als het tegenovergestelde. We kunnen proberen de beperking van het woord te ontlopen door het gebruik van beeldspraken en gelijkenissen. Maar wanneer we het non-dualistische en non-lineaire in een dualistische en lineaire woordenreeks trachten te vatten, raken we onvermijdelijk verstrikt in zichzelf tegensprekende concepten.

* *Matsuo Basho* (1644 – 1694) Zen-dichter en vader van het haikugenre van poëzie

We kunnen benadrukken dat onze ideeën over het ultieme slechts concepten zijn, maar we zullen er nooit in slagen om onze eigen lippen te kussen.

Neem bijvoorbeeld een eenvoudige zin als: 'Puur Bewustzijn laat zich niet in enig concept vangen.' Puur Bewustzijn beschrijven als *niet te vangen in concepten* maakt het wederom tot een nieuw concept. De hindoes verwijzen naar datgene wat niet verwoord kan worden als *Neti Neti*: Niet Dit, Niet Dat, of Noch Dit, Noch Dat. Voor de Hebreeërs is het Yod-He-Vau-He, de naamloze naam voor God. Wat we ook proberen, als we erover praten of nadenken, ontkomen we niet aan de beperkingen van het conceptualiseren en dus ontsnapt *het* voor altijd aan iedere poging om *het* in woorden te vangen; *het* blijft voor altijd een paradoxaal en intiem mysterie: een permanent open vraag en een voortdurend antwoord.

Zelfs als we praten over zaken die wel geschikt zijn voor het lineaire en dualistische medium van de taal, is het gewoon onmogelijk te weten welke verschillende interpretaties mensen aan bepaalde woorden geven, of hoe ze datgene wat er gecommuniceerd wordt, zullen opvatten. (De film *Being There* met Peter Sellers gebruikt dit soort verwarring om er een schitterend verhaal mee te vertellen.)

De ogenschijnlijk paradoxale concepten die hierboven vermeld worden, zijn allemaal wegwijzers naar je ware Zelf en als zodanig noch feitelijk noch fictief. Het zijn eerder verschillende steentjes die tegen je slaapkamerraam worden gegooid. Het doet er niet toe welke je hoort; maar als je het hoort, sta je misschien op, kijk je naar buiten en ben je verrast om je geliefde daar te zien. Maakt het uit welk steentje je wakker heeft gemaakt?

20
De droom van ruimte en tijd

Tijd is datgene wat wordt aangeduid door een klok.
Albert Einstein 1879 – 1955

Als je bezig bent een leuk meisje het hof te maken, lijkt een
uur maar een seconde te zijn. Als je boven op een gloeiend
hete kool zit, lijkt een seconde wel een uur. Dat is relativiteit.
Albert Einstein 1879 – 1955

In onze dromen zien we soms eeuwenoude bergen, oceanen, sterren en planeten. Er komen misschien mensen, dieren, steden en bossen in voor. We kunnen het gevoel hebben dat er dagen of zelfs jaren voorbijgaan. Voor degene die droomt, lijkt dit allemaal heel echt. De dromer vlucht bijvoorbeeld weg van een uitbarstende vulkaan en de daarmee gepaard gaande angst kan zo hevig zijn dat hij ervan wakker schrikt. Daarna is het niet langer relevant wat er met de vulkaan gebeurde of met de andere dingen en mensen die even daarvoor nog deel uit maakten van zijn universum. Geredeneerd vanuit de waaktoestand heeft de droom misschien maar een paar seconden geduurd. Waar zijn de tijd, de ruimte en de objecten uit de droom gebleven? We kunnen stellen dat ze zich in de dromer bevonden, maar het is even waar om te zeggen dat de dromer zich in de droom bevond. Deze alledaagse ervaring laat duidelijk zien dat schijnbaar solide werkelijkheden zoals de wereld van objecten, ruimte en tijd in wezen evengoed denkbeeldig kunnen zijn.

> *...er bestaan bewijzen die suggereren dat onze wereld en alles wat zich erin bevindt – van sneeuwvlokken tot esdoorns, van vallende sterren tot rondspinnende elektronen – slechts schimmige beelden zijn, projecties vanuit een niveau van de werkelijkheid dat zo ver voorbij het onze ligt dat het letterlijk tijd en ruimte overstijgt.* *

In de 'echte wereld' handhaven ruimte en tijd de relatieve verbanden tussen zogenaamde objecten en gebeurtenissen, evenals tussen de waarnemer en dat wat wordt waargenomen. Vanuit dit perspectief gezien bestaan er geen absolute waarden, wat me doet denken aan de woorden van William Blake:

> *De wereld zien in een korreltje zand*
> *en een hemel in een wilde bloem;*
> *oneindigheid in de palm van je hand*
> *en eeuwigheid in een uur.* **

De mens verschijnt hier als een referentiepunt van waaruit gebeurtenissen waargenomen worden die in het verleden of in de toekomst plaatsvinden. Objecten lijken ouder of jon-

---

* Uit: *The Holographic Universe.* Van Michael Talbot Harper Perennial/Harper Collins ISBN 0-06-092258-3

** *Auguries of Innocence* Originele tekst: William Blake, *Poems*, ed. Dante Gabriel Rossetti (1863)

ger en groter of kleiner dan de waarnemer te zijn. Ze lijken snel of langzaam te bewegen en zich veraf of dichtbij de waarnemer te bevinden. Enerzijds strekt de ruimte zich oneindig ver uit en bevat relatief enorme objecten, terwijl anderzijds het oneindig kleine de weegschaal in balans houdt. De mens zit altijd tussen deze twee extremen in. Sterker nog, de relatieve positie van de mens en zijn observaties zijn de toetssteen zonder welke de twee kanten zich eenvoudigweg niet als zodanig zouden kunnen manifesteren.

Laten we teruggaan naar de droom met de uitbarstende vulkaan. De droom speelt zich af in de dromer en de dromer neemt, tegelijkertijd, een relatieve plaats in binnen de droom. Alles in zijn droom, of het nu rotsen of wolken zijn, gevoelens of gedachten, mensen of dieren, is gemaakt van 'droommateriaal' en als het gedroomde personage kan hij dan ook zeggen:

Net als de schaduw
besta ik
en
besta ik niet. *

Stel je nu eens de mogelijkheid voor dat het Zelf dit universum op dezelfde manier droomt. Net als de dromer die in zijn eigen droom verschijnt, kunnen we zeggen dat de schepper in zijn eigen schepping verschijnt terwijl, tegelijkertijd, de schepping in de schepper verschijnt. En net als in een droom manifesteert hij het hele kosmische drama in en uit zichZelf.

* Uit: *The Love Poems of Rumi*. Edited by Deepak Chopra. Harmony Books ISBN 0-609-60243-8

Hij is verborgen in Zijn manifestatie en manifesteert zich in Zijn verborgenheid.
*Hij is binnen en buiten, dichtbij en ver weg...**

De substantie van deze gedroomde 'werkelijkheid' is Puur Bewustzijn, de droommaterie waarvan de dingen gemaakt zijn. In deze werkelijkheid/droom verschijnt het verstand dat op dit ondeelbare geheel de illusie projecteert van afzonderlijke objecten en gebeurtenissen door grenzen van tijd en ruimte te construeren.

Laat me je een vraag stellen. Waar en wanneer vond 'jij' je aanvang? Was het bij de geboorte, bij de conceptie, of toen de grootouders van je grootouders elkaar ontmoetten? Waar je de lijn ook trekt, het is een willekeurige en kunstmatige grens. In het spel van het dagelijkse leven zijn deze conceptuele grenzen handig, maar de meesten van ons zijn allang vergeten dat ze inderdaad slechts conceptueel zijn.

Bewustzijn is compleet in zichzelf en er bestaat niets buiten dit bewustzijn. De zogenaamde objecten in bewustzijn bestaan niet zelfstandig en ze zijn niets anders dan de manier waarop bewustzijn aan zichzelf verschijnt. Met andere woorden, bewustzijn is alles wat er is. In de universele droom evenals in de dromen die we tijdens onze slaap hebben, bestaat de illusie van dit of dat, zelf en anderen, in het leven geroepen door het dualistiese verstand en door de relatieve beleving van ruimte en tijd. Deze dualiteit en de relatieve waarden van ruimte en tijd zijn vanuit en op zichzelf geen realiteit! De door het onderscheidend verstand voortgebrachte 'objecten' in dit universum zijn slechts tijdelijke

---

* Uit: *Doctrine of The Sufis* by Muhammed Al-Kalabadhi, Arthur John Arberry (Vertaler) AMS Press; ISBN 0404146376

manifestaties en ze hebben alleen omvang en vorm in verhouding tot elkaar. Uiteindelijk bestaan er geen specifieke objecten of gebeurtenissen die door ruimte en tijd van elkaar zijn afgescheiden, noch heeft de droom zelf een bepaalde omvang of tijdspanne. De droom en de dromer zijn een en dezelfde zich Zelf-bewuste werkelijkheid.

Jij, als een verschijning binnen de droom van het leven, bent slechts van tijdelijke aard terwijl jij als de dromer tijd en ruimte te boven gaat. Als je dit beseft, ben je net zo onbezorgd over je persoonlijke verhaal als over het personage dat je in je droom leek te zijn.

Dat wil niet zeggen dat je onverschillig en gevoelloos zult worden. Als je een goede roman leest, ben jij je bewust van het feit dat het slechts fantasie is, maar toch kun je geheel opgaan in de personages en hun verhaal. Zo zul je ook niet *uit* de droom ontwaken zolang jijzelf in de vorm van een gedroomd personage verschijnt, maar er is te allen tijde de mogelijkheid dat je zult ontwaken *in* de droom.

21
Ontwaken in de droom

Lucide of helder dromen is een term die verwijst naar het ontwaken in een droom, beseffen dat je droomt om dan vervolgens met dit inzicht verder te dromen. Doorzien dat de wereld van afzonderlijke objecten en individuen een illusie is, zou je lucide leven kunnen noemen. Het gaat hier dan ook niet over jouw persoonlijke ontwaken *uit* de droom. Wat zou een veronderstelde doener kunnen doen om een niet-doener te worden? Welke gedachte zou de denker voorbij het denken kunnen brengen? Hoe zou een illusie zichzelf kunnen doorzien? Het antwoord luidt dat het ego niet bij machte is om zichzelf buitenspel te zetten. Zoals Roemi zei:

Wie mij hier heeft gebracht,
zal me ook weer thuis moeten brengen.

Dit 'thuiskomen' onthult het illusoire karakter van het ego, van de wereld en van tijd en ruimte, maar dit betekent niet dat alles verdwijnt in een explosie van wit licht. Het betekent wel dat het gevoel van afgescheidenheid oplost. Alhoewel 'jij' misschien in de wolken bent bij het doorzien van deze kosmische illusie is het tevens duidelijk dat er feitelijk geen 'jij' bestaat om in de wolken te zijn, geen 'jij' om het te doorzien en geen 'jij' die het begrijpt. Er is gewoon verrukking, weten, zijn en zien, zonder een individu dat claimt dat dit inzicht zijn persoonlijke activiteit of verdienste is. Wat overblijft is *datgene* wat *als* jou en al het andere verschijnt; het ware Zelf dat voor altijd reeds wakker is *in* de droom van het leven.

Deze helderheid openbaart zich spontaan en vanzelf. Het levert je geen nieuwe kennis op, maar oude veronderstellingen vallen weg. Geen enkele inspanning kan jou maken tot datgene wat je feitelijk al bent. De waarheid achter het ego is te dichtbij om het te kunnen onderzoeken. Het is zelf namelijk de bron van waaruit de poging om te onderzoeken verschijnt. Zodra dit wordt doorzien, is het duidelijk dat de oorsprong van al je denken en handelen niet een denkbeeldige 'ik' is, maar de universele energie of je ware Zelf. Het geloof in een 'ik', evenals het zoeken naar verlichting, wordt *her*kend door niemand (of niet-iemand) als niets anders dan de speelse activiteit van deze primaire bezielende energie.

De kosmische grap in de reis van de zoeker is dat de energie die het zoeken stimuleert precies datgene is wat wordt gezocht. In Zen heet dit het zoeken naar een os terwijl je op een os rond rijdt. Wei Wu Wei vergeleek dit met het zoeken naar je bril zonder je te realiseren dat hij op je neus zit en indien je niet al door je brillenglazen keek, zou je ook niet kunnen zien waarnaar je zoekt.

HET ontwaakt tot *zichzelf.* Sterker nog, HET *is* het ontwaken zelf. Het is het licht waarin alle schijnbare tegenpolen hun onderlinge afhankelijkheid en ultieme eenheid onthullen; het is de helderheid waarin de illusie van afgescheidenheid en dualiteit verdampt. De getuige en datgene wat wordt gezien, versmelten tot het zien zelf. De illusie van verleden en toekomst lossen op in de helderheid van tijdloze aanwezigheid en wordt duidelijk dat het leven heeft geen betekenis buiten zichzelf. Het is zoals het is; altijd op het punt van vervulling en tegelijkertijd net zo fris als de dauwdruppels bij het ochtendgloren van de schepping.

Dit inzicht biedt geen permanente transcendentale staat van zijn. Het idee dat ontwaken over zo'n staat van zijn gaat – dat het een ervaring is die iemand heeft – houdt de mythe van de persoonlijke verlichting in stand. Het bestendigt de illusie van een individuele zoeker en houdt hem gevangen in het streven naar een vurig gewenste ontwaken.

Dat wat de zoeker werkelijk is, is altijd al bewust en aanwezig, niet alleen in het buitengewone maar ook in en als het gewone. Het ligt voorbij de dualiteit van eenvoud en complexiteit, en is tevens de bron van beide. We kunnen de theorieën van de kwantummechanica gebruiken om er naar te verwijzen of we kunnen een kinderversje gebruiken:

Row, row, row your boat
Gently down the stream
Merrily, merrily, merrily, merrily
Life is but a dream. *

Of het volgende Engelse slaapliedje:

Where did you come from baby dear?
Out of everywhere into here. **

---

* Roei, Roei, Roei je boot zachtjes langs de stroom, vrolijk, vrolijk, vrolijk, vrolijk, 't leven is een droom.
** Waar kom jij vandaan, schattelief? Van overal vandaan naar hier.

Chuck Hillig verwijst ernaar in een prachtig, kinderlijk eenvoudig boek *Enlightenment for Beginners** (Verlichting voor beginners) en Wei Wu Wei verbluft de lezer met zijn intellectuele acrobatiek terwijl hij naar dezelfde essentie verwijst. Als helder water glipt het door het net van onze concepten. Het is kleiner dan het kleinste en groter dan het grootste; het is ongeboren, eeuwig en voor altijd vrij. Het is eenvoudig één, terwijl het zich uitdrukt en manifesteert als de complexe illusie van ontelbare vormen die de dans van de schepping vormen.

De realisatie waarin het helder is dat jij *dit* bent, waarin jij je herinnert wat in wezen nooit is vergeten, is een thuiskomst van een reis in fantasieland; een terugkeer naar de plaats die je nooit hebt verlaten. Het is het mysterie dat het verstand te boven gaat en wordt herkend als *datgene wat je in je diepste wezen bent* – de stille achtergrond waarin en waaruit tijd, ruimte, zijn en niet-zijn verschijnen. Het is het ware Zelf, dat geen tegenovergestelde kent. De Ene zonder een tweede, of Puur Bewustzijn.

'Het was een droom,' zei God glimlachend,
'een droom die werkelijk leek te zijn.
Er bestonden geen mensen, levend noch dood,
er was geen aarde en geen hemel erboven;
*alleen Ikzelf was er – in jou.' ***

---

* Black Dot Publications ISBN: 0-9649740-2-9
** *Ella Wheeler Wilcox* (1855 – 1919), een Amerikaanse schrijfster en dichteres.

"That was a dream," God smiled and said,
"A dream that seemed to be true.
There were no people, living or dead,
there was no earth, and no sky o'er head:
there was only Myself – in you."

22
Nawoord

Ik heb je alles verteld over de absolute essentie van waarheid: er is geen jij, geen ik, geen superieur wezen, geen discipel en geen goeroe. *

Misschien is deze tekst helend voor je geweest, maar mocht je jezelf nog steeds als afgescheiden ervaren, dan volgen hier tot besluit nog een paar woorden ter overweging.

Veel zoekers hebben een lange weg afgelegd zonder tot de felbegeerde 'verlichting' te komen. Sommigen geloven dat ze een compleet intellectueel inzicht hebben, maar wachten desalniettemin op een gebeurtenis die hun het bewijs van hun totale verlichting levert. Wat kennelijk niet duidelijk is, is dat er niemand *bestaat* die een compleet intellectueel inzicht kan *hebben;* dat er gewoon *inzien* is en dat ontwaakt zijn al volledig aanwezig is. Wat hen weerhoudt om dit te zien, is het misverstand dat er een individu bestaat dat bepaalde ervaringen moet hebben om een zogenaamde staat van verlichting te bereiken. We hebben het hier echter niet over ervaringen, bewustzijnsniveaus of kennis die iemand heeft, maar over het inzien dat er geen af-

---

* Uit: *Dattatreya's Song of the Avadhut.* Atma Books ISBN 0-914557-15-7

zonderlijk individu bestaat. Het gaat over de ondeelbare essentie die zich bewust is *van*, en verschijnt *als* dit hele universum, inclusief het idee van een personage dat de ervaring van verlichting zoekt. Puur Bewustzijn is altijd volledig aanwezig dus waarom identificeer jij je dan niet simpelweg met Puur Bewustzijn in plaats van met het personage dat naar verlichting of naar de bevestiging van verlicht zijn zoekt?

Als ondanks intensieve spirituele disciplines, verschillende leraren, vele satsangs en het lezen van alle relevante boeken het zoeken niet ophoudt, helpt het misschien om de 'onderlinge verbanden' te zien. Vanuit onze historisch unieke situatie kunnen we relaties en overeenkomsten zien tussen de verschillende leringen, boeken en geschriften die van generatie op generatie zijn doorgegeven. Dit 'overzicht' is niet altijd beschikbaar geweest. Wist Jezus van het bestaan van Boeddha? Wist Meester Eckhart iets van Lao Tse? Was Roemi bekend met Bodhidharma? Het is mogelijk maar zeer onwaarschijnlijk. Tegenwoordig hebben we geschriften uit verschillende eeuwen en culturen tot onze beschikking. Vanuit het verre en nabije verleden, vanuit wetenschap, mystiek en religie, vanuit het oosten en het westen, het noorden en het zuiden bereiken ze ons. Ze wijzen allemaal in dezelfde richting en zeggen soms letterlijk hetzelfde. Hier volgt een paar concrete voorbeelden:

Christendom: Want zie, het koninkrijk Gods is in u. (Lucas 17:21)
Boeddhisme: Jullie zijn allemaal boeddha's. Er is niets dat je daarvoor hoeft te doen. Open gewoon je ogen. (Siddhartha Gautama)

Zen: Als je de waarheid niet ziet waar je bent, waar verwacht je haar dan te vinden? (Dogen Zenji)

Taoïsme: Superieure kennis ziet het Ene in Alles; inferieure kennis verdeelt het Ene in het vele. (Chuang Tse)

Wetenschap: Bell's Theorema toont aan dat alles in het universum fundamenteel onderling verbonden, onderling afhankelijk en absoluut ondeelbaar is. (Fritjof Capra)

Tibetaans Boeddhisme: Er is geen enkele staat van zijn die niet deze onmetelijke aanwezigheid is.*

Islam: In deze glorie bestaat er geen 'ik' of 'wij' of 'gij'. 'Ik', 'wij', 'gij' en 'hij' zijn allemaal een en hetzelfde. (Hallaj)

Hindoeïsme: Tat Tvam Asi – Jij Bent Dat.

Judaïsme: Ik ben Dat ik ben.

Is het niet buitengewoon fascinerend dat dezelfde uitspraken keer op keer worden herhaald? Is het niet bemoedigend dat ze consequent wijzen naar het feit dat alles één is, dat dit HET is en dat jij HET bent? Is dit niet het perfecte moment om te accepteren wat hier wordt aangereikt en om te beseffen dat het je eigen stem is die je uitnodigt om thuis te komen? Als *nu* het moment niet is, *wanneer* dan wel?

Het is niet moeilijk om je Boeddha-natuur te ontdekken;
probeer er alleen niet naar te zoeken.
Geef het accepteren en het afwijzen op
van mogelijke plekken,
waar je denkt haar te kunnen vinden
en zij zal vanzelf aan je verschijnen.**

---

* Uit: *You Are The Eyes Of The World*. Longchenpa ISBN 1-55939-140-5 Snow Lion
** *Hsin Hsin Ming* – verses on the faith mind by Sengstan 3rd Zen Patriarch. Geproduceerd door de Zen Buddhist Order of Hsu Yun

Ik heb mensen vragen horen stellen over de aard van verlichting om vervolgens het antwoord af te wijzen door zoiets te zeggen als: 'Dit zijn alleen maar woorden en concepten. Dit heb ik wel vaker gehoord en het is niet genoeg. Ik wil weten waar het allemaal werkelijk over gaat.' Deze zoekers wachten op een bevestiging in de vorm van een speciaal gebeuren of op een piekervaring en stellen daarmee de realisatie dat het door hen gezochte ontwaken al volledig aanwezig is, uit. Wat ze over het hoofd zien is de essentie van *datgene* wat iedereen en alles met elkaar gemeen heeft: de ene universele oorzaak die het hele bestaan omvat, het beginsel dat ten grondslag ligt aan alle ogenschijnlijke verscheidenheid. Deze essentie is het buitengewone in het doodgewone en de algemene basis van alle verschijningsvormen. Het woord 'algemeen' is interessant hier omdat het zowel 'alledaags' als 'universeel' betekent. Deze universele essentie is onze ware natuur, ongeacht de vormen en de verscheidenheid die het denken op deze ondeelbare eenheid projecteert. Deze essentie is de pijl die in alle richtingen kan wijzen, maar niet naar zichzelf; het licht dat overal op schijnt maar niet op zichzelf kan en hoeft te schijnen. Het is de magische illusie, het wonder dat eenheid kan manifesteren als diversiteit en het enkelvoudige als meervoudige. Het is de ene identiteit ofwel Puur Bewustzijn.

Het grootste is gelijk aan het kleinste.
Er zijn geen grenzen, geen binnen en buiten.
Bestaan en niet-bestaan zijn een en hetzelfde,
want wat niet is, is gelijk aan wat wel is.
Als je niet ontwaakt tot deze waarheid,
maak je dan geen zorgen.

Weet dat je Boeddha-natuur niet verdeeld is,
dat zij alles zonder enig oordeel accepteert.
Negeer woorden, preken en mooie plannen;
het eeuwige kent geen heden, verleden of toekomst. *

De waarheid ligt natuurlijk niet in deze woorden, maar in het begrijpen ervan. Als je zonder verwachtingen bewust luistert en aanwezig bent, hoor je het antwoord overal. Het wordt steeds herhaald in, door en *als* alles en het zegt keer op keer: 'DIT is het HierNumaals. Alles is Eén. JIJ bent HET.'

Als dit nog steeds niet genoeg is, word je waarschijnlijk door je twijfelende verstand verleid om verder te zoeken. Indien je die weg niet nog eens wilt bewandelen, kun je misschien accepteren dat deze stemmen, die je zo goed kent, je de juiste richting wijzen. Ze bevestigen allemaal dat je ware identiteit niets anders is dan de heldere, open ruimte die alle schijnbare diversiteit te boven gaat.

Ze nodigen je uit honderdtachtig graden om te draaien en rechtstreeks naar de plaats te kijken vanwaar het kijken verschijnt; met andere woorden, om je *het zien* te herinneren in plaats van je constant te verliezen in wat je ziet. Kijk, het is *altijd* zoals het is. Zelfs als je denkt dat je *dit zoals het is* niet kunt accepteren, zelfs als je het afwijst, dan is het nog steeds zoals het is. *Dit*, zoals het is – voorafgaand aan acceptatie of afwijzing, voorafgaand aan woorden en gedachten die tot concepten kristalliseren – is de essentie en actualiteit van zijn. Het is onbegrensd aanwezig Bewustzijn. Jij bent die ruimtelijkheid, die de manier

---

* *Hsin Hsin Ming* – verses on the faith mind by Sengstan 3rd Zen Patriarch. Geproduceerd door de Zen Buddhist Order of Hsu Yun

waarop jij aan jezelf verschijnt omvat, inclusief zekerheden, twijfels, pijn, vreugde en een mogelijk gevoel van afgescheidenheid.

Als geen enkel antwoord of concept je wakker kan schudden uit je gevoel van afgescheidenheid, als je op een dood punt in je zoektocht bent aangeland, is het misschien mogelijk om alle concepten te negeren; om je over te geven aan datgene *wat is* en naakt en alleen te staan als *dit*. Misschien kun je stoppen met wachten op een gebeurtenis die bevestigt dat je altijd en volledig wakker bent en gewoonweg aanvaarden dat het niet anders is. De acceptatie dat er geen afgescheiden jij bestaat en dus geen noodzaak om te ontwaken, is het directe pad. Je kunt het de uiteindelijke 'staploze stap' noemen. Trek alle etiketten eraf, negeer de voortdurend veranderende verhalen in je hoofd en kijk wat onveranderlijk blijft.

> *Stop met jezelf te zien als degene die dit of dat is of doet en het besef dat jij de bron en het hart van alles bent daalt over je neer.*
>
> Sri Nisargadatta Maharaj

Op de vraag hoe hij tot realisatie kwam, antwoordde Sri Nisargadatta dat zijn goeroe hem had verteld dat hij, Maharaj, de ultieme werkelijkheid was. De volgende vraag was wat hij er mee had gedaan. Zijn antwoord luidde: 'Ik vertrouwde hem en ik onthield het.'

Als dit allemaal duidelijk is, maar als je nog steeds in de primaire werkelijkheid van een afgescheiden 'ik' gelooft, kijk dan nog eens heel direct wie of wat zich bewust is van deze schijnbare afgescheidenheid.

Er bestaat geen groter mysterie dan dit: dat we blijven zoeken naar dewerkelijkheid terwijl we in feite die werkelijkheid zijn. We denken dat er iets is dat de werkelijkheid verbergt en dat dit moet worden vernietigd voordat we de werkelijkheid kunnen bereiken.
Hoe lachwekkend!

Ramana Maharshi

Nu we aan het eind van deze tekst komen, wens ik je de moed toe om je Zelf te vertrouwen en in te zien dat je Puur Bewustzijn bent in plaats van jezelf te verliezen in de inhoud ervan. Dit, zoals het is, is de voortdurende uitnodiging om je denkbeeldige ketenen van afgescheidenheid af te werpen en *nu* vrij en helder te zijn.

Helderheid is het woord dat Nathan Gill gebruikt om de afwezigheid van het zoeken en de herkenning van wat je werkelijk bent te beschrijven. Voor de doorgewinterde zoeker die dit eigenlijk al weet, maar toch nog voor de poort aarzelt, schreef hij een klein boekje met de titel, je raadt het al, *Helderheid*. Ik wil dit boek graag eindigen met de laatste woorden uit *Helderheid*:

Op dit moment ben jij Bewustzijn, dat als een personage in je spel verschijnt.
Misschien denk je dat je bevestiging nodig hebt.
Vergeet het. Ontspan je. Jij bent het al.
*Met veel liefde voor Jou van Jezelf.**

---

* Nathan Gill in *Clarity*: Een gratis boek, beschikbaar voor download van: www.nathangill.com

Voor een overzicht van onze
andere titels kunt u kijken op

www.samsarabooks.com

of een folder aanvragen bij:

Samsara Uitgeverij bv
Herengracht 341
1016 AZ Amsterdam

Telefoon: 020 - 5550366
Fax: 020 - 5550388
E-mail: info@samsarabooks.com

Wilt u contact met de auteur dan kan dit via het
volgende e-mail adres: awakening@euronet.nl

Voor meer informatie:
www.awakeningtothedream.com